シリーズ情熱の日本経営史⑨

佐々木 聡 監修

日本を牽引したコンツェルン

鮎川義介
日産自動車ほか

野口 遵
旭化成ほか

森 矗昶
昭和電工グループ

宇田川 勝 著

芙蓉書房出版

はじめに

産業革命の進展

明治維新後、日本は殖産興業政策*のもとで工業化をスタートさせました。そして、一九〇〇年代までに軽工業分野で主導産業の紡績・生糸製品が輸入製品の防遏とそれ自身の輸出化を実現し、さらに明治三十四（一九〇一）年には官営八幡製鉄所を開業させ、それと前後して造船業、兵器関連事業などの重工業も発展を開始します。その結果、日本は工業化の開始から二十〜三十年で欧米諸国以外で初めて産業革命*を達成します。

しかし、欧米の先進工業国ではすでに十九世紀後半から二十世紀初頭にかけて、鉄鋼、造船、兵器事業に加えて応用科学や研究開発の進展を背景に次世代の産業である合成硫安、レーヨン、電解ソーダ、アルミ精錬、特殊鋼、自動車、電気機械などの新興の重化学工業が相次いで勃興する第二次産業革命の時代を迎えていました。それゆえ、日本にとって、第二次産業革命を先導する重化学工業の国産化を達成し、それによって先進工

殖産興業政策
明治政府が明治前半期にとって産業政策。当初は欧米先進国からの近代産業の導入・移植とそのインフラ整備が中心であったが、のちに日本固有の在来産業の近代化も合わせて推進された。

産業革命
工場制機械工業の導入による産業自体の変革とそれに伴う社会経済構造の大変革をいう。

業国にキャッチアップすることが、次の重要な産業課題となりました。しかし、第二次産業革命の達成は、労働集約的な軽工業中心の第一次産業革命と異なって、高度な技術力を有する資本集約型産業が主力であり、しかも先進工業国製品の輸入圧力のもとで実施しなければならず、その実現は極めて困難な課題でありました。

第一次大戦ブームを享受

ただ、日本にとって幸運であったことは、第二次産業革命の開始直後、大正三（一九一四）年七月に第一次世界大戦が勃発したことでした。大戦の影響は翌大正四年夏ごろから輸出の急増と海運業の活況を通じて現われます。欧米諸国の戦時需要の拡大とアジア市場からの先進工業国製品の撤退は日本製品の輸出を伸張させ、輸出の急増は海運業の成長とそれに造船資材を供給する製鉄関連事業の拡大に連動していきました。さらに外国工業製品の輸入途絶と国産品に対する内需の拡大は、それまで欧米製品の流入によって圧倒されていた新興の重化学工業に成長と自立の機会を提供しました。その結果、大戦ブームを享受した日本経済は膨張し、大正四年と八年の間で法人企業の払込資本金合計額を二一億六八〇〇万円から八二億三八〇〇万円へと一挙に六〇億七〇〇〇万円増加させました。とくに膨張が著しかった分野は鉱工業部門で、それはこの間に四・二倍の増加を見ました。そして、その増加は主として大戦の勃発によって新たな成長の機会をつかんだ新興重化学工業分野における企業の増・新設によって生じていました。

こうした鉱工業部門を中心とする企業勃興により、大戦期を通じて全生産額に占める農業と鉱工業の地位は逆転し、日本は農業国から工業国への移行を強めていきます。そして、全工業生産高に占める重化学工業の比率は大正四年と七年の間で二二・〇%から三八・一%に上昇し、産業構造の高度化*が進行しました。

産業構造の高度化
一国の産業構成の中で製造工業分野の比重が高まることをいう。

新しい経営主体の登場

しかし、第一次世界大戦ブームは長く続かず、大正九年恐慌の発生で終止符を打ち、日本経済は一九二〇年代を通じて相次いで恐慌に見舞われ、不況の淵に沈淪します。大戦中に発展の機会をつかんだ重化学工業も、不況の進行による需要の縮小と外国製品の再流入の中で、厳しい経営環境下におかれます。とくに財閥系企業や軍工廠が経営主体となっていた造船・製鉄関連事業や兵器事業は海運業の不振と軍縮の挟撃を受け、深刻な打撃を蒙りました。

しかし、そうした厳しい経済状況の中でも、産業構造の高度化は進行を続け、昭和十一（一九三六）年には製造業生産額・従業員に占める重化学工業の割合はそれぞれ五

○%と三八%に上昇します。産業構造の高度化をリードしたのは、明治末年から始まる都市化の進展と電力業の発展を背景に誕生した新興重化学工業でした。そして、それらの新興重化学工業を積極的に担った経営主体は三井、三菱などの財閥*系企業よりも、それらの産業開拓活動に意欲を燃やし、その国産化一番乗りを目指す、革新的な企業家に率いられた企業群でありました。中でも一九三〇年代に新興コンツェルンと呼ばれた企業集団を形成する鮎川義介《あいかわよしすけ》、野口遵《のぐちしたがう》、森矗昶《もりのぶてる》、中野友礼*、大河内正敏*らは、新興重化学工業分野の開拓活動に果敢に挑戦した企業家でした。

彼らが一九二〇年代の不況の進行、外国製品の再流入、外資系企業の進出という厳しい状況の中で、リスクを冒して挑戦した新興重化学工業分野の開拓活動は、やがて昭和六年の満州事変の勃発と金輸出再禁止*措置以降の軍需関連市場の拡大と円為替相場の低下による輸入圧力の軽減に支えられて日本経済が回復・成長する過程で報われます。そして、彼らは国産化一番乗りを果たした工業分野を中心に事業網を急速に拡大してコンツェルンの形成者になり、三井、三菱などの財閥と伍して日本経済を牽引する、財界の新興勢力に成長します（5頁の図を参照）。

本書では、新興コンツェルン創業者の中から、可鍛鋳鉄*工業と自動車工業の開拓者で日産コンツェルンを形成する鮎川義介、合成硫安、人絹両工業のパイオニアで日窒コンツェルンを形成する野口遵、国産技術・機械を使用して合成硫安とアルミ精錬の国産化

財閥
明治時代のジャーナリズム用語で、当初、出身地を同じくする財界人グループの共同的事業活動をさす言葉として使用されたが、時代を経るにつれて、三井、岩崎（三菱）、住友などの大富豪あるいは彼らの支配下で営まれる事業体を財閥と呼ぶようになった。

中野友礼
明治二十（一八八七）年に旧会津藩士神尾彦之進の二男として生まれ、幼児期に中野家の養子となる。大正二（一九一三）年に「食塩電解法」の特許をとり、その事業化のために同九年日本曹達を設立し、ソーダ工業を中心に鉱業・鉄鋼・人絹などに事業網を拡大し日曹コンツェルンを形成。昭和四十（一九六五）年没。

大河内正敏
明治十一（一八七八）年に旧大多喜藩（千葉県）主の家に生まれる。東京帝国大学工科大学を卒業し、初代の同大学造兵学教授に。大正十（一九二一）年に理化学研究所の三代目所長に就任。発明・特許を事業化し、理研コンツェルンを形成。昭和二十七（一九五二）年没。

金輸出再禁止
金（金貨および金地金）の輸出入を禁止すること。日本は第一次世界大戦中に離脱した金本位制に昭和五年（一九三〇年）に復帰したが、翌六年に再び離脱し、管理通貨制度に移行した。

可鍛鋳鉄
鋳造性のよい銑鉄を熱処理して炭素の一部を除去し、靭性をもたせた鋳物。

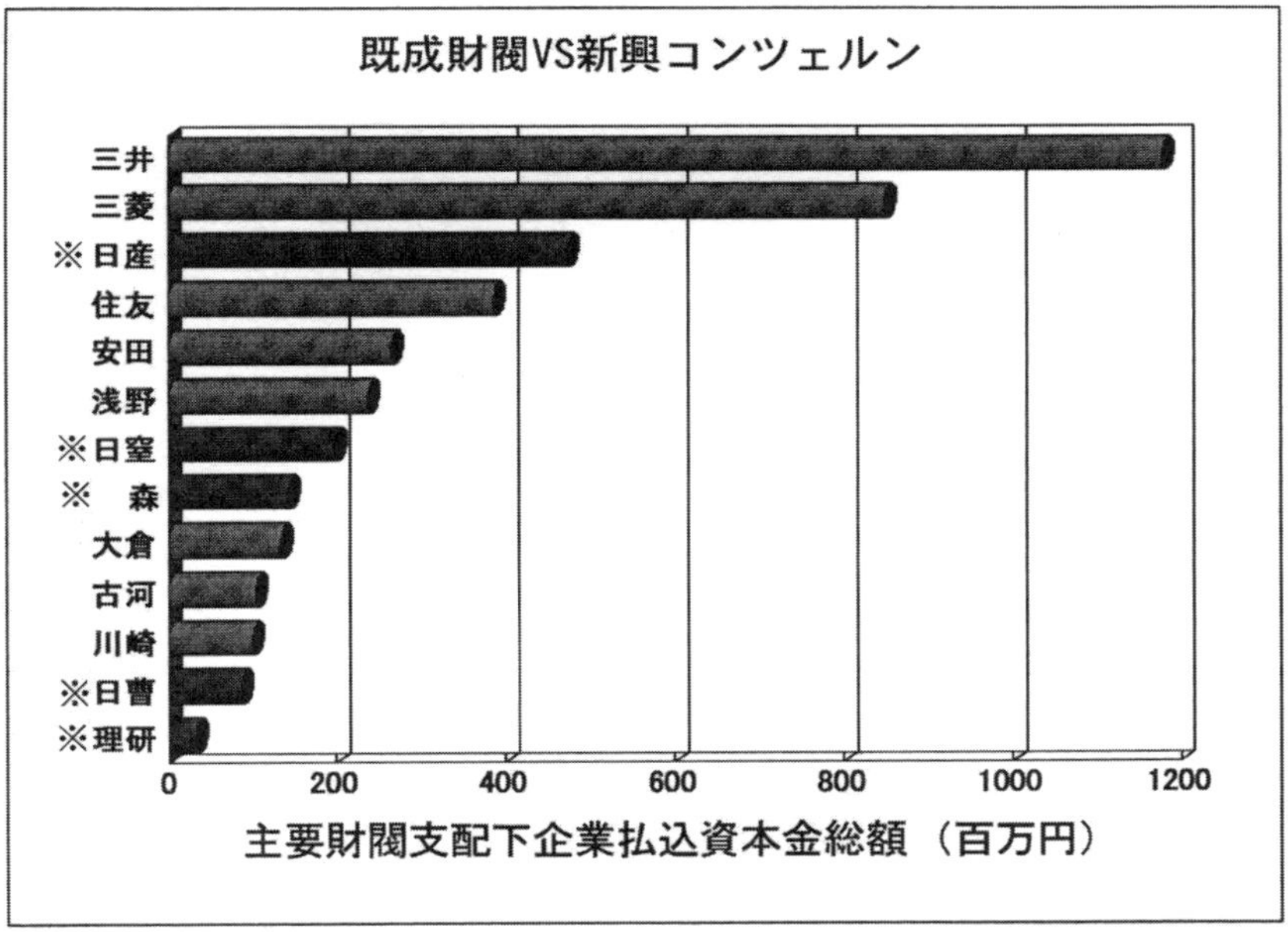

※は新興コンツェルン　　（宇田川勝『新興財閥』）

に挑戦し、森コンツェルンを形成する森矗昶の、斬新なビジネスモデルに基づく産業開拓活動とコンツェルン形成活動を考察することにします。

情熱の日本経営史⑨

日本を牽引したコンツェルン――目次

「ハイキング・コース」の生涯

野口　遵

森　矗昶

情熱の日本経営史⑨

日本を牽引したコンツェルン

鮎川 義介

職工から出発した日産コンツェルンの形成者

あいかわよしすけ
明治十三（一八八〇）年、山口県に生まれる。可鍛鋳鉄と自動車の国産化を実現し、日産コンツェルンを形成する。戦後、中小企業の助成活動に尽力し、ベンチャーキャピタリストの先駆者になる。昭和四十二（一九六七）年に八十六歳で没す。

第一章　職工からの出発

一、金持ちにならない誓い

華麗な閨閥

鮎川義介《あいかわよしすけ》は明治十三（一八八〇）年に山口県氷川郡大内村（現、山口市）に生まれました。鮎川家は一九九石取りの長州萩藩の上士階層の家柄でした。しかし、明治維新後没落し、義介が生まれたときには産湯に使うタライまで妻の里からもちこまなければならないほど、窮乏しておりました。母親ナカは山口代官を務めた小沢正路の二女でした。小沢の妻ツネは明治の元勲・井上馨の姉でしたから、ナカは井上の姪であり、義介にとって大叔父にあたります。また、ナカの妹ツネは井上馨の養嗣子勝之助に嫁いでいました。

　*井上馨の親族であったことが、鮎川家と義介本人の人生に大きな影響を与えます。義介には五人の姉妹と弟一人がいました。姉は木村久寿弥太、妹たちは久原房之助、貝島

井上　馨
天保六（一八三六）年に長州藩士の家に生まれる。幕末にイギリスに密航した。明治維新後、外務、農商務、内務大臣などを歴任した。とくに外務大臣時代は不平等条約の改正を意図して積極的な欧化政策を推進した。また、三井家、古河家、貝島家などの顧問となり、財界に大きな影響力をもった。大正四（一九一五）年没。

太市、井上達五郎、近藤真一にそれぞれ嫁ぎ、弟政輔は藤田小太郎の長女と結婚し、東京・藤田家に入籍しました。その結果、鮎川家は藤田組三家のうち、久原家と藤田小太郎家と縁戚関係を結びます。義介の妻は高島屋飯田の当主・飯田藤二郎の長女でした。これらの縁組はすべて井上の仲立・斡旋によるもので、姉妹たちは井上邸で花嫁修業したのち、右の名門・資産家に嫁ぎました。

鮎川家は井上馨を介して政財界の名門・資産家と婚姻関係を結び、華麗な閨閥を形成していきました（次頁の鮎川・久原の家系略図参照）。そうした閨閥の中で、とくに鮎川義介は終生の恩人として、井上馨、久原房之助、貝島太助*、藤田文（小太郎の妻）の四人の名前を挙げています。四人の恩人と義介の関係については、これから順次、見ていくことにします。

貝島太助
弘化二（一八四五）年生まれ。安川・松本、麻生家と並ぶ筑豊の御三家と称された貝島財閥の創始者であり、「筑豊の炭鉱王」の異名をとった。大正五（一九一六）年没。

井上馨邸の玄関番

鮎川義介は井上馨の「エンジニアになれ」というアドバイスを受け入れ、明治三十三（一九〇〇）年に東京帝国大学工科大学機械工学科に入学します。そして、東京・麻布内田山にあった井上邸に寄寓して大学に通います。鮎川は明治三十六年に大学を卒業しますが、就職行動は変っていました。日露戦争を控えて産業界は活況を呈しており、帝

鮎川・久原の家系略図

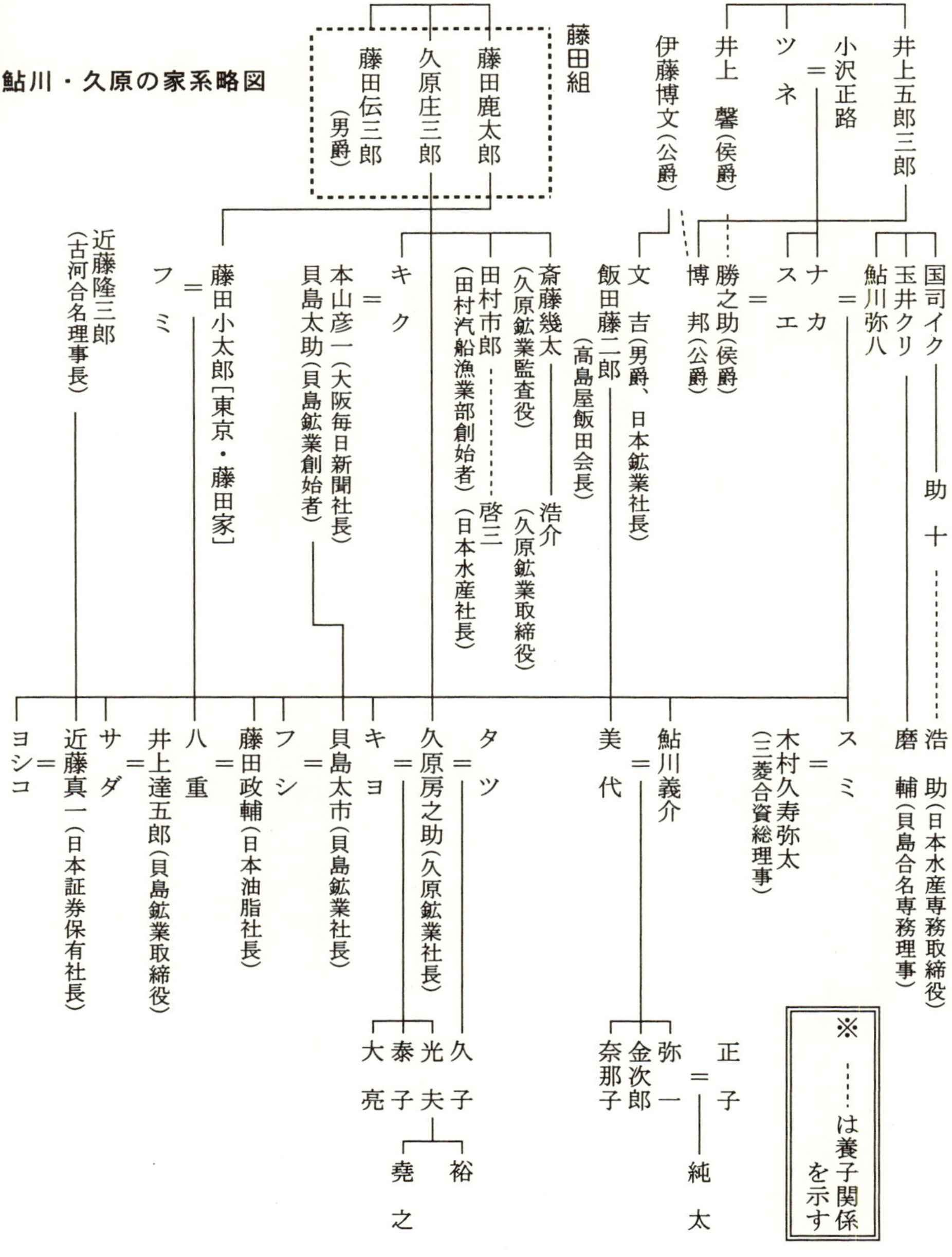

井上五郎三郎
小沢正路
ツネ
井上　馨(侯爵)
伊藤博文(公爵)
藤田組
藤田鹿太郎
久原庄三郎
藤田伝三郎(男爵)
国司イク
助十
玉井クリ
鮎川弥八
ナカ
スエ
勝之助(侯爵)
博　邦(公爵)
文　吉(男爵、日本鉱業社長)
飯田藤二郎(高島屋飯田会長)
斎藤幾太(久原鉱業監査役)
浩介(久原鉱業取締役)
田村市郎(田村汽船漁業部創始者)
啓三(日本水産社長)
キク
本山彦一(大阪毎日新聞社長)
貝島太助(貝島鉱業創始者)
藤田小太郎[東京・藤田家]
フミ
近藤隆三郎(古河合名理事長)
浩　助(日本水産専務取締役)
磨　輔(貝島合名専務理事)
スミ
木村久寿弥太(三菱合資総理事)
鮎川義介
美代
タツ
久原房之助(久原鉱業社長)
キヨ
貝島太市(貝島鉱業社長)
フシ
藤田政輔(日本油脂社長)
八重
井上達五郎(貝島鉱業取締役)
サダ
近藤真一(日本証券保有社長)
ヨシコ
正子
弥一
純太
金次郎
奈那子
久子
光夫
泰子
大亮
裕
堯之
※ ……は養子関係を示す

大出の工学士は引く手あまたの状態でした。井上馨も三井財閥系企業への就職を勧めます。しかし、鮎川は井上の勧めを断り、工学士の肩書きを隠して一職工として芝浦製作所に入所しました。

　鮎川の愛読書の一冊にアンドリュー・カーネギー*の『実業帝国』（*The Empire of Business*）がありました。彼はその中の「君たちを使ってくれるボスが感心できなかったら、一時の損は覚悟のうえでサッサと見切りをつけ去って行け。自分の天分を見抜いて生かしてくれる人に巡り合うまで、くたびれずに転々とすることだ」という言葉に感銘を受け、人生行路の指針としていました。鮎川の目には、井上邸の玄関番として見聞きした井上家出入りの三井財閥トップ経営者を始めとする財界人は言動に裏表のある二重人格者が多く、自分の人生指針にそぐわない人物と映りました。そこで、鮎川はそうした人たちがトップに立つ企業で働くよりも、自分自身で将来起業する分野を見つけようと考えます。そして、そのためには工場現場の経験を積む必要があると判断し、芝浦製作所入りを決意しました。

　同時に鮎川は井上邸の玄関番時代に上流階層や富豪の家庭の内情をつぶさに観察して、自身の人生設計を変更します。明治三十年に井上馨は自邸に隣接して時習舎を開設し、そこに華族・富豪・その他縁故のある

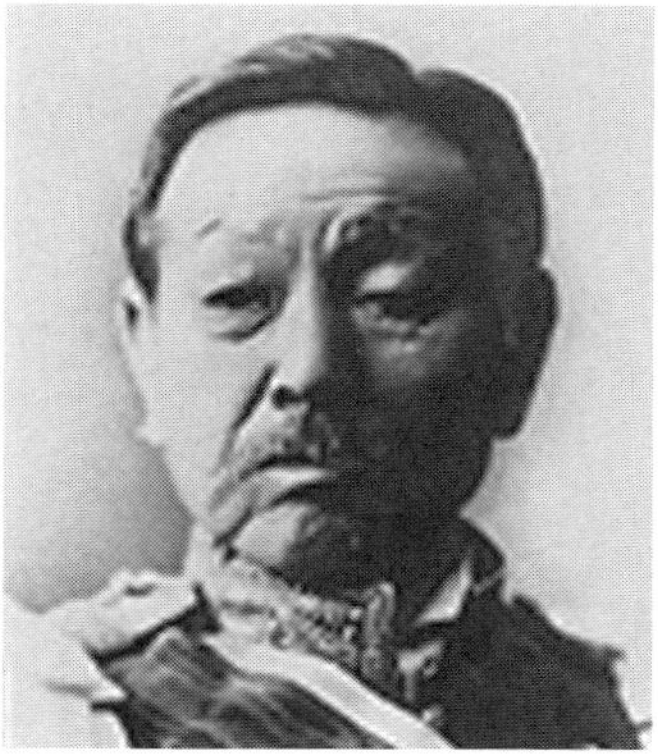

鮎川の大叔父、井上　馨

アンドリュー・カーネギー
一八三五年にスコットランドに生まれる。一八四八年に家族とともにアメリカに移住。鉄道・電信業に従事したのち、鉄鋼事業の将来性に着目してカーネギー鉄鋼会社を設立し、アメリカの鉄鋼業の大部分を支配下に置く。一九〇一年に同社の利権をUSスチールに売却し、その巨額資金を利用して、

井上馨が開設した私塾「時習舎」の舎生たち。後列右から３人目が鮎川。
（明治37年頃）（『鮎川義介先生追想録』）

家の子弟を集め、スパルタ式の教育を実施します。鮎川は井上から塾生の〝お目付け役〟を命じられます。鮎川はその仕事を通して、塾生は概して我儘で依存心が強く、また、彼らの家庭は格式・地位・資産の保持に汲々としていることを知ります。鮎川の姉妹の嫁ぎ先も内実は同じでした。こうして、上流階層社会の内情を知った鮎川は、それまで金科玉条としてきた、立身出世して資産と地位を獲得し、上流階層入りするという人生設計に疑問を感じます。熟慮の末だした鮎川の結論は、「おれは絶対に金持ちになるまい、ただ大きな仕事はしてやろう。願わくは人のよく行ない得ないで、しかも社会公益に役立つ方面をきりひらいて行こう」というものでした。（『私の履歴書』）

カーネギー財団を設立、カーネギーホールの建設など数多くの慈善事業を行った。

二、現場経営に学ぶ

芝浦製作所勤務

鮎川義介が東京帝大を卒業した当時の工学士の初任給は、月給四五円前後でした。これに対して、鮎川の日給は四八銭でした。しかし、芝浦製作所*での鮎川の勤務ぶりは、意欲的で計画的なものでした。一年目は仕上げ工として働きますが、二年目に入ると機械・鍛造・板金・組立ての各職場を体験し、最後に鋳物工場に落ち着きます。短期間に職場を異動できたのは一年目の後半に鮎川の素性がわかり、彼の入所動機を知った芝浦製作所側が特別の配慮をしてくれたからです。また、仕事のかたわら、鮎川は東京帝大大学院にも籍を置き、職場で実地に体験した事柄を学問的に検討することも合わせて行いました。

さらに鮎川は工業技術と工場管理の現実を知るために、友人五人と一緒に東京市内外の工場を見学する計画を立てます。これによって、二年間に七〇～八〇近い工場見学を行いますが、最後までやり通したのは鮎川一人だけでした。

芝浦製作所での職工生活と丹念な工場見学によって、鮎川が得た結論は、「わが国で

芝浦製作所
明治八（一八七五）年に田中久重によって設立された田中製造所が起源。田中製造所は明治三十七年に芝浦製作所と改称し、昭和十四（一九三九）年に東京電気と合併して東京芝浦電気となり、同五十九年に現在の社名東芝となった。

グルド・カプラー社の本社工場で働く鮎川（明治39年）
（『百味箪笥—鮎川義介随筆集』）

成功している企業は一から十まで西欧の模倣による」ものであるというものでした。そこで、「日本で研究したところで師匠になるような者」に出会うことができないと考えた鮎川は、今度は新興工業国のアメリカに渡って実地に最新工業技術を学ぶことを決意します（「私の履歴書」）。

アメリカでの職工生活

明治三十八（一九〇五）年十二月、ニューヨークに着いた鮎川義介は、井上馨から紹介してもらった当地の三井物産支店を通じて就職先をさがします。鮎川の希望業種は鋼管事業と可鍛鋳鉄事業でした。日本機械工業の弱点は、基礎素材である鋼管と可鍛鋳鉄の製造技術の未発展にあると、見抜いていたからです。しかし、当時、鋼管製造関係の会社はどこも技術の秘密保持がやかましいことがわかったため、可鍛鋳鉄製造会

滞米時、モース製鋼所の職長の家族と（明治39年）（『鮎川義介先生追想録』）

社を重点的にさがし、明治三十九年一月、バッファロー市郊外にあったグルド・カプラー社の本社工場に週給五ドルの見習工として採用され、鋳物工場の職長宅に下宿して工場にかよいます。小柄な鮎川にとって現地労働者に混じっての作業はきついものでした。しかし、日露戦争の戦勝国の若者が弱音を吐くことはできないと頑張り通し、一年間かけて最新式の可鍛鋳鉄製造技術を習得します。そして同時に、鮎川はアメリカでの職工生活を通して、彼の企業家人生を貫く確固たる左の事業信念を獲得します。

「私の生涯のうちで、これほど意義のあるまた得がたい体験はないと思います。そして、それ以来私は自分の事業上に対する、牢乎として抜くべからざる信念を、脳裏に刻み付けたのです。即ち日本人は労働能率に於いて毫彼等西洋人に劣る者ではなく、彼等が体格や、腕力に勝れている代りに、我々には先天的に手先の器用と、動作の機敏と、コツの活用といふ特有性に恵まれている。故に此特長を完全に発揮することによって、仕事の終局の成績を、彼等以上に挙げ得ない事はないという信条を得たのでありました。果してそうだとすると、当時こちらの労働賃金は米国のそれに比べて、五分の一内外でありましたから、若しも事業に対する組織や、規律や、製造工程を向ふ並にし得たならば、従来の輸入品を駆逐する事が出来る許りでなく、仮令運賃や、金利のハンデキャップはあっても、逆に向ふに輸出し得る品物は、多々あるべき道理だと云うことを、信ずるに至ったのであります」（鮎川義介『私の体験から気付いた日本の尊き資源』）。

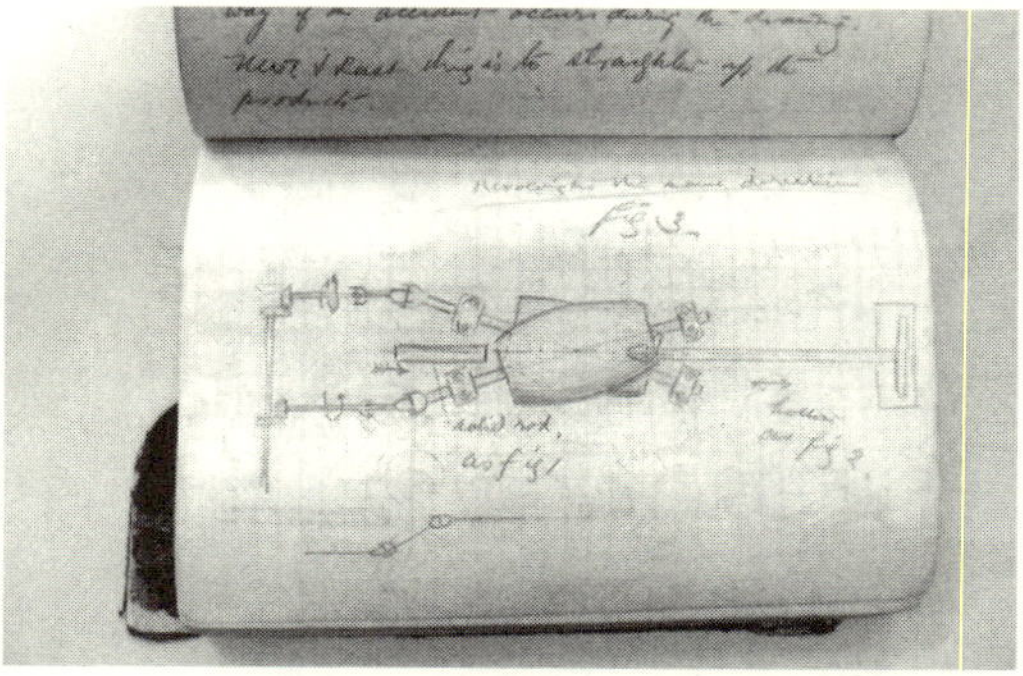

鮎川がアメリカでの工場勤務・調査の際に書いた日記帳。感想や工場設備の見取り図などが克明に記されている

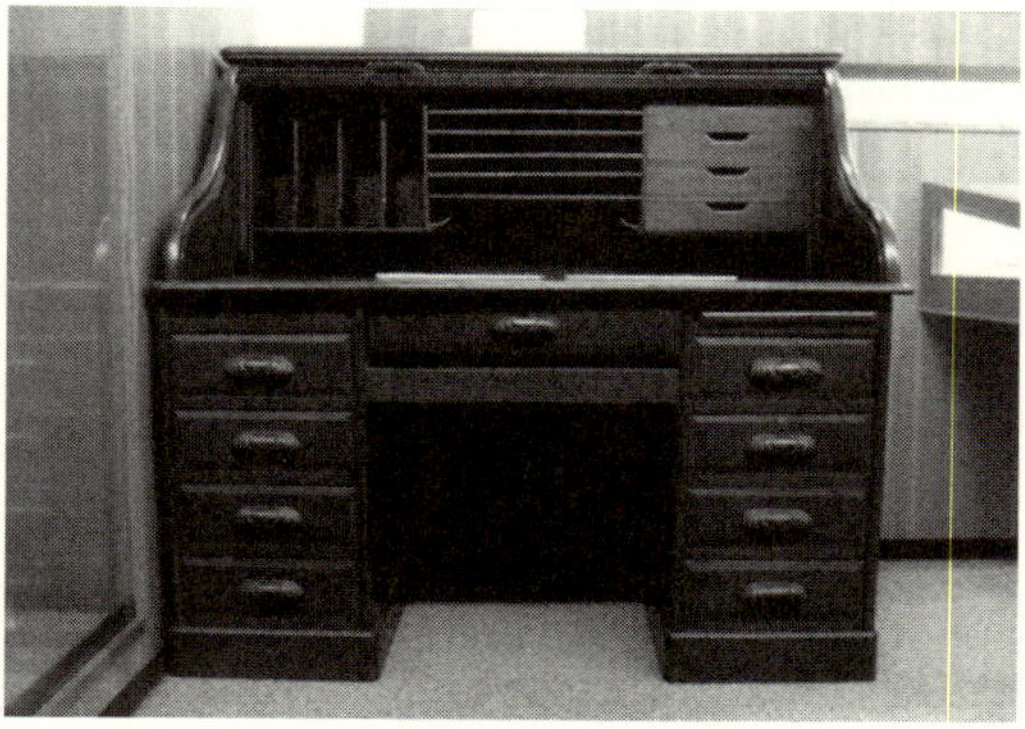

鮎川が戸畑鋳物時代に愛用した机。米国エリー社社長から贈られたもの（日立金属九州工場内の鋳物記念館）

第二章　可鍛鋳鉄事業の開拓

一、戸畑鋳物の経営

親族の支援

鮎川義介はさらにエリー市郊外のエリーマリアブル・アイアン社で実地研修を積み、明治四十（一九〇七）年に帰国しました。鮎川はさっそく井上馨を訪ねて、アメリカで得た事業信念に基づいて可鍛鋳物製造会社を設立したい希望を述べ、支援を頼みます。井上は鮎川のこれまでの努力と可鍛鋳鉄事業の将来性を認め、藤田小太郎、久原房之助、貝島太助、そして三井物産に支援を呼びかけてくれました。三井物産以外は、先に見たように鮎川の親族でした。鮎川は彼らから支援の約束を取り付けると、再度渡米して工場設備と機械一式を購入し、さらにヨーロッパを回って可鍛鋳鉄事業の調査・視察を行います。そして、明治四十三年十月、九州・戸畑の貝島家の貯炭場跡地に右の支援者の出資を得て、資本金三〇万円の戸畑鋳物株式会社を設立しました。

落成した戸畑鋳物の工場の前で記念撮影。前列右から３番目が鮎川。
（明治43年５月）（『戸畑鋳物株式会社要覧』）

戸畑鋳物は社長を空席とし、専務取締役の鮎川が技師長を兼務してスタートしました。そして、明治四十五年には仕上設備を増設するため、出資者の追加投資によって資本金を倍額の六〇万円に増資します。しかし、可鍛鋳鉄事業は、わが国ではまったくの新規事業であったため、鮎川の懸命な努力にもかかわらず、市場開拓が思うにまかせず、創業から大正三年上期まで八期連続欠損を出してしまいます。そして、大正二年には累積赤字が一一万円にまで増大し（28頁の表2参照）、四〇万円の増資を行わなければ、倒産必至という危機に直面します。鮎川はこの危機を乗り切るために、再度、支援者に追加出資を申し込みます。しかし、久原、貝島、三井物産は折からの不況を理由に出資を断りました。そうした中で、藤田小太郎の没後、東京・藤田家の当主となっていた未亡人・文は、鮎川を信頼し、その経営手腕を高く評価していた小太郎の遺志を実行するとして、藤田一家で増資全額の引き受けを承諾し、戸畑鋳物は倒産を免れます。

このように、鮎川のスタートアップ時の最大の支援者は親族でした。鮎川は井上馨の影響下にあった血縁的なネットワークに依存した。

て、あるいはそれを最大限活用して戸畑鋳物を創業し、初期の経営困難を乗り切ったのです。

経営自立と多角化

藤田家の支援で資本金を一〇〇万円に増資した直後、偶然にも第一次世界大戦が勃発します。戸畑鋳物は鋳物関係製品が輸入途絶する中で経営的自立を達成し、大戦中は工場をあげて殺到する注文に応じるという活況を迎えます。そして、いったん販路が確立すると、今度は可鍛鋳鉄という製品特性にも恵まれて、第一次大戦後の不況期の中でも相当の利益をあげることができました。

鮎川の事業活動は堅実でした。彼は大戦ブームに便乗して事業を拡張するような行動はいっさいとらず、高収益の一部を「記念配当」として創業以来の出資者に利益還元を行ったほかは、利益を内部留保し、予想される戦後反動不況の中でそれを有利に活用しようと考えます。そして、第一次大戦後、蓄積した利益を利用して、可鍛鋳鉄の製造に電気炉を導入し、さらに木津川製作所、帝国鋳物、東亜電機製作所、安来製鋼所を設立あるいは買収して、製品多角化を進めます。

表1　戸畑織物の資本金出資者（単位：万円）

	明治43年5月	明治45年6月	大正3年4月
東京・藤田家	10	20	60
貝島家	10	20	20
鮎川家	5	10	10
三井物産	5	10	10
合　計	30	60	100

（宇田川勝『新興財閥』）

表2　戸畑鋳物の営業成績（単位：千円、%）

期　別	期末払込資本金	利益金	対払込資本金利益率	配当率
明治43年下期	228	△　5	△　4.4	0.0
44　上	228	△　3	△　2.6	0.0
下	300	△　5	△　3.3	0.0
45　上	300	△ 22	△ 14.7	0.0
下	552	△ 21	△　7.6	0.0
大正2　上	600	△ 18	△　6.0	0.0
下	600	△ 39	△ 13.0	0.0
3　上	700	△　1	△　0.2	0.0
下	700	6	1.7	0.0
4　上	700	8	2.3	0.0
下	840	20	4.8	0.0
5　上	1,000	75	15.0	0.0
下	1,000	111	22.2	8.0
6　上	1,000	176	35.2	10.0
下	1,000	200	40.0	10.0
7　上	1,000	242	48.4	15.0
下	1,000	286	57.2	15.0
8　上	1,000	276	55.2	15.0
下	1,000	604	120.8	189.0
9　上	2,000	302	30.2	41.0
下	2,000	160	16.0	12.0
10　上	2,000	113	11.3	8.0
下	2,000	120	12.0	8.0
11　上	2,000	121	12.1	8.0
下	2,000	125	12.5	8.0
12　上	2,000	149	14.9	10.0
下	2,000	117	11.7	8.0
13　上	2,000	84	8.4	6.0
下	2,000	75	7.5	6.0
14　上	2,000	111	11.1	8.0
下	2,000	145	14.5	10.0
15　上	2,000	150	15.0	10.0
下	4,325	309	14.3	10.0
昭和2　上	4,325	366	16.9	10.0
下	4,325	379	17.5	10.0
3　上	5,000	436	17.4	10.0

（宇田川勝『新興財閥』）

可鍛鋳鉄製造への電気炉の導入は焼鈍日数を従来の反射炉の七～十日から一気に三日に短縮したのみならず、品質を向上させ、戸畑鋳物は海軍省と鉄道省の指定工場となります。また、戸畑鋳物および関連会社の鉄管継手製品、ロール鋳造品、石油発動機などは輸入製品と競争して、それらを駆逐し、昭和初年には三井物産を通じて東南アジア、インド、さらに欧米市場にまで輸出されます。とくに鉄管継手製品の競争力は抜群で、わが国鉄鋼関連製品の中で最初に欧米市場進出を果たし、イギリスの有力な継手メーカーのクレーン社から販売協定の締結を申し込まれる程でした。

アメリカでの職工生活を通して骨がらみの思想となっていた可鍛鋳鉄製品の国産化とその輸出を、鮎川は十五年の歳月をかけて見事に実現したのです。

さらに注目されることは、鮎川が展開した製品多角化戦略は、将来の自動車工業進出を見越し、その足場を築くために実施されたことです。鮎川が可鍛鋳鉄の製造技術を学んだバッファロー市はエリー湖をはさんだデトロイト市の対岸にありました。当時、デトロイトは自動車工業の勃興期で活況を呈していました。鮎川はエンジニアとしてその息吹を肌で感じ、自動車社会の到来を確信します。

そこで、鮎川は可鍛鋳鉄事業の産業開拓を実現すると、「戸畑鋳物は鋳物では日本一だが船用小型発動機や水道管の継手のような小さなものを造っていたのでは、会社はこれ以上発展しない。自動車エンジンの鋳物を主体として自動車関係に入るのがよい」(『日本自動車工業史口述記録集』)と考え、つぎの事業ターゲットとして自動車工業の開拓を目指します。わが国の自動車市場は関東大震災後の復興過程で自動車の利便性、実用性が認識され、急速に拡大します。しかし、自動車市場の拡大を享受したのは国産メーカーではなく、日本に進出してきたアメリカのフォードとゼネラル・モータース

ノックダウン方式
製品の主要部品を輸出し、現地で組立生産する方式。

（ＧＭ）でした。フォードとＧＭが日本で組立会社を設立し、ノックダウン方式*で生産を開始すると、国産メーカーは両社に太刀打ちできず、日本市場の八〇～九〇％は外資組立会社の手に握られてしまいます。

そこで、鮎川は迂回作戦をとり、まず自動車部品事業に進んで、鋳鋼品、マリアブル部品（戸畑鋳物）、特殊鋼（安来製鋼所）、電装品（東亜電機製作所）、塗料（不二塗料）などを戸畑鋳物とその関連会社で生産して、それら製品を外資組立会社の日本フォード、日本ＧＭの適格納入品とすることで技術を向上させ、その後、機会を見て自動車工業本体に進出しようと構想します。

この迂回作戦はあとで見るように、日産コンツェルン時代に日本産業が株式売却益金を獲得すると、日本産業と戸畑鋳物の共同出資で、昭和八年に自動車製造（翌年日産自動車と改称）を設立する形で実現されることになります。

二、コンツェルン経営の試み

人材登用策

鮎川義介は事業拡大に相応した経営組織の構築と管理方式にも注力しました。第一次世界大戦中に経営自立を達成した戸畑鋳物は、大正九（一九二〇）年には従業員約九〇〇名をかかえる規模の会社になります。経営規模の拡大にともない、鮎川は自ら全事業活動を統轄管理していた集権的管理方式から、有能な人材を抜擢あるいは招聘して、戦略的意思決定以外の業務は彼らに任せる分権的管理方式に切り換えます。

しかし、人材登用を基調とする管理方式もいざ実施してみると、昇進者や招聘者に対する嫉妬やねたみ、昇進できなかった者の勤労意欲の低下、あるいは両者間の人間関係のもつれが生じ、その実施が次第に困難になっていきます。そこで、鮎川は戸畑鋳物一社の中で人事の停滞を避け、適材適所の人事政策を行うことには限界があると考え、コンツェルン経営を実施する中で、人事問題の隘路を打開しようと試みます。

大正十一年一月、戸畑鋳物の出資者である東京・藤田、貝島両家の了承のもとに、鮎川は資本金五〇〇万円の持株・統轄機関たる共立企業株式会社を設立すると、鮎川は戸畑鋳物の鉄管継手事業とロール鋳造事業を分離して木津川製作所と帝国鋳物を設立し、さらに第一次大戦後の不況の中で経営破綻した企業の中から再生可能で、将来性あるものをさがして、東亜電機製作所と安来製鋼所を買収します。そして、共立企業は傘下の戸畑鋳物とその関連会社の事業活動を統轄管理するとともに、コンツェルン内部の人事異動を活発に行い、人材登用に基づく分権的管理方式*の推進を計画しました。

分権的管理方式
業務活動にかかわる権限を、それを実際に担当する人、あるいは部署・工場などに委譲する管理方式。それとは反対に、業務活動権限を経営上層部に集中する方式を集権的管理方式という。

共立企業の限界

　しかし、共立企業を頂点とするコンツェルン経営は、鮎川義介が意図した成果をあげることができず、大正十五（一九二六）年五月、戸畑鋳物が木津川製作所と帝国鋳物を吸収合併したことによって、事実上、解体してしまいます。その最大の原因は共立企業の資金力不足にありました。共立企業発足時の資金力は一二六万円しかなく、それはすべて東亜電機製作所と安来製鋼所の買収資金にあててしまいました。そこで、共立企業は傘下企業から受け取る株式配当金と貸付金利子で資金を賄うことができるまでの期間、傘下企業の販売業務を一手に引き受け、金融の楽な企業からそうでない企業に資金を回す金融方式を採用します。だが、この金融方式は金融の楽な会社、すなわち戸畑鋳物の発言権を強め、共立企業設立の目的であった傘下企業間、とくに戸畑鋳物から他の企業への人事異動に支障を来たすことがすぐに判明しました。しかし、共立企業は親族の出資する封鎖的な持株会社であり、その株式の譲渡や公開はできませんでした。それは、鮎川が依存してきた血縁的ネットワークを利用するビジネスモデルの限界を意味しました。

　このように、共立企業のコンツェルン経営実践は失敗に終わりました。しかし、鮎川はこの失敗の経験から、のちの日産コンツェルン形成時のビジネスモデルとなる二つのことを学びます。その一つは、コンツェルン経営は多角的事業体の有効な統轄管理方式であるが、持株会社自体に資金調達能力がなければ傘下企業に対する統轄機能も十分に発揮できず、まして成長産業分野に経営を多角化することは困難であると、いうことでした。それゆえ、鮎川は今後、資金需要旺盛な重化学工業を中心とするコンツェルン経営を実施するためには、中核に位置する持株会社自体の刷新、すなわち財閥家族あるいは血縁的ネットワーク型の封鎖的持株会社から株式市場に直結した公開持株会社への移行が不可欠であると考えます。

もう一つは企業再生ビジネスの可能性です。共立企業が買収対象として調査した企業数は四〇～五〇社にのぼりました。これらの企業の経営破綻の原因は、大半が経営者のモラルハザード*によるものであり、優れた経営者が担当すれば企業の再生は可能でした。鮎川は企業再生ビジネスを展開する上でも公開持株会社は有効であると考えました。公開持株会社は手持ち資金に関係なく、自社株式と再生企業株式を交換することで後者企業を吸収合併することができたからです。

モラルハザード
倫理観の喪失が本来の意味。経営学においては、企業経営者が経営資源を個人目的のために流用ないし悪用することをいう。

第三章　日産コンツェルンの形成と大陸進出に賭けた夢

一、久原房之助からのバトンタッチ

久原財閥の発展と没落

日露戦争後、藤田組*を経営していた同族間に事業継承をめぐって対立が生じ、財産の分割が行われます。藤田組同族の一員であった鮎川義介の義弟・久原房之助《くはらふさのすけ》は、明治三十八（一九〇五）年十二月、叔父藤田伝三郎家から支払われる分与金を使って、茨城県北部の赤沢鉱山を買収し、それを久原鉱業所日立鉱山と名づけて開業します。久原は藤田組時代の部下を招くとともに、採鉱・製錬工程に最新式技術を導入し、また、鉱山電化を進めて日立鉱山の開発にあたります。そして、産銅業者としての後発の不利を取り戻すために、全国各地で鉱山を買収し、さらに積極的な買鉱製錬戦略を推進します。その結果、久原鉱業所の産銅量は大正元年には早くも古河合名、藤田組に次いで全国第三位を占め、同年九月に久原鉱業所は資本金一〇〇〇万円の久原鉱業株式会社に改組され

藤田組
明治二（一八六九）に藤田伝三郎が大阪高麗橋で軍靴製造に着手したことに始まる。西南戦争で巨利を博した伝三郎は明治十四年に長兄の藤田鹿太郎と次兄の久原庄三郎を共同経営者に加え、藤田組を創立する。藤田組は小坂鉱山、岡山県児島湾干拓事業を中心に経営規模を拡大し、長州系政商として発展する。明治三十八年に家憲制定をめぐって同族経営に亀裂が入り、鹿太郎と庄三郎の嗣子小太郎と房之助は伝三郎家から分与金をもらって独立した。これ以降、伝三郎家は大阪・藤田家、小太郎家は東京・藤田家と呼ばれた。

ます。

株式会社改組後も、久原鉱業の成長は続き、大正七年までに国内と朝鮮に三一ヵ所の非鉄金属鉱山を開設し、日立・大雄院製錬所のほか佐賀関（大分県）、家島（兵庫県）、鎮南浦（朝鮮）に製錬所を建設しました。こうした事業拡大によって、久原鉱業の生産額は飛躍的な伸長を見せ、創業十二年目の大正六年には産銅量で全国第一位となり、翌七年には全国の金の四〇％、銀の五〇％、銅の三〇％を生産します。

第一次世界大戦ブームの中で、産銅業界は空前の活況を享受しました。業界トップの久原鉱業の業績も好調そのもので、対払込資本金利益率は大正四年下期以降連続六期にわたって五〇％以上を上回ります。その上、久原鉱業は大戦中に二回の増資を行い、資本金を七五〇〇万円としますが、その時株式の一部をプレミアム付きで公募し、これによって株式払込金三一二五万円と株式売却益金二〇一七万円を獲得します。

鮎川義介の義弟、久原房之助

第一次世界大戦中に久原鉱業が高収益をあげ、株式公開によって巨額の払込資本金と株式売却益を手に入れると、久原は貿易商事・海運・保険・鉄鋼・造船・電機・化学等の産業分野に経営を多角化し、一挙に財閥を形成する戦略を展開します。その結果、久原家は第一次大戦後には表3に揚げたような有力企業を傘下に擁する企業集団を形成し、神戸の

表3　久原家傘下主要企業の所有株数と持株率

	久原本店（大正8年12月）	久原鉱業（大正11年上期）	日本汽船（大正11年上期）
久原鉱業	348,143株（23.2%）	――	33,640株（2.3%）
日立製作所	――	149,040株（74.5%）	――
久原商事	100,000株（50.0%）	50,000株（25.0%）	――
日本汽船	95,000株（47.5%）	――	――
大阪鉄工所	――	――	124,260株（51.8%）
東洋製鉄	――	200,000株（25.0%）	――
合同肥料	――	91,970株（46.0%）	――
共保生命保険	10,049株（50.2%）	――	――

（注）久原鉱業は東洋製鉄の筆頭株主であったが、経営権は所有していない。
（宇田川勝『新興財閥』）

鈴木商店*と肩を並べる有力な「大正財閥*」に発展します。

しかし、こうして急膨張を遂げた久原家の事業経営も大正九年恐慌の発生を境として、一転して没落の道程に突入します。その直接的な原因は二つありました。その一つは主力の産銅事業が第一次世界大戦後、安価なアメリカ銅の流入と国内資源の枯渇、労働コストの上昇によって国際競争力を喪失し、不況業種に転落してしまったからです。そして、もう一つは、大戦ブーム時に設立された久原商事が大正九年恐慌の中で投機取引に失敗し、一億円以上の損失を出したことにありました。

久原商事が残した巨額の債務は債権者の強い要求と井上準之助日銀総裁の説得によって、久原房之助が個人で保証することになります。そのため、久原個人の信用に頼っていた久原家企業の多くは、以後、深刻な金融難に陥りました。とくに親会社的な立場にあった久原鉱業はその影響を強く受け、産銅事業の不振とも相まって大正十五年十二月には、すでに公表してある株式七%配分に必要な一四四万円が配当日までに調達できない事態を招いてしまいます。

ここに至って、万策尽きた久原は事業経営の第一線から退く決意

表4　久原鉱業の債務整理資金・物件等提供者

提供者	金　額	備　　考
貝島合名会社	14,007,234円	うち2,774,660円は久原鉱業株式19,050株他21銘柄、2,233,017円は土地、103,931円は建物7,395,603円は鉱区、1,500,000円は現金
東京藤田合名会社	3,076,067円	うち463,837円は台湾銀行差入担保代金、2,612,130円は久原鉱業株式25,900株その他
田村市郎	744,820円	株券と不動産、久原房之助の次兄
鮎川義介	501,778円	株券その他
斎藤幾太	206,880円	不動産、久原房之助の長兄
斎藤浩介	173,160円	株券と住宅、斎藤幾太の長男、久原鉱業取締役
竹内維彦	176,040円	株券、久原鉱業専務取締役
小平浪平	143,180円	株券と住宅、久原鉱業取締役、日立製作所専務取締役
岩田宙造	40,000円	株券、久原鉱業監査役
津村秀松	10,000円	現金、久原鉱業取締役、大阪鉄工所専務取締役
日立製作所	1,643,000円	うち200,000円は長周銀行へ保証 1,443,000円は手形
合　計	20,722,159円	

(注)金額は帳簿価格である。なお、貝島合名会社、東京藤田合名会社の提供資産合計額とその内訳金額は一致しない。　(宇田川勝『新興財閥』)

を固め、盟友の政友会総裁田中義一*を介して、戸畑鋳物の経営で実績をあげている鮎川義介に配当金問題の処理と久原財閥の再建を委嘱しました。

公開持株会社日本産業の設立

鮎川義介は、久原房之助が政治活動に深入りし、株式相場にも手を出していたのを知っていたので、久原財閥の再建引き受けを躊躇します。しかし、鮎川は義兄の木村久寿弥太（当時、三菱合資総理事）の強い説得と田中義一の再三の要請を受けて、結局、久原財閥再建を決意します。そして、差し迫った久原鉱業の配当金問題を、弟政輔の養子先である東京・藤田家の支援で処理します。しかし、久原鉱業の困窮は鮎川の予想をはるかに超えていました。久原鉱業の累積債務は払込資本金の六割にあたる二五〇〇万円にも達しており、これを早急に整理しなければ破産は必至という状態でした。鮎川は債務整理資金を親族各家と幹部経営者から調達する以外に方法がないとして、彼らに支援を求めます。その結果、表4に示したような人々や関係会社から帳簿価格で合計二〇七二万円に相当する有価証券、資産等が提出されます。中でも貝島家は創業時に受けた井上馨*の恩顧に応えるとして、一族会を開いて、「貝島現在事業ニ関係ナキ資産ヲ挙ゲテ久原鉱業会社整理資源ノ内ニ提供」(宇田川勝『新興財閥』)する決議を行い、一四〇〇万円もの資産を提出します。

鮎川はこれらの提出資産と久原家の残余資産を利用して昭和二年二月の金融恐慌発生直前に極秘に債務整理を完了させ、鈴木商店よりも先だと噂されていた久原鉱業の破産を回避させます。

昭和三年三月、政界に転出する久原に代わって久原鉱業の社長に就任した鮎川は、久原財閥の再建作業に着手します。その再建のためには二つの課題を解決しなければなりませんでした。一つは新しい資金調達ルートを開拓することであり、もう一つは統轄管理機構を整備することでした。第一の方策として、鮎川は久原鉱業の「大衆株主」の存在に着目します。昭和二年五月時点で久原鉱業の株主は一万四八五八名を数えていました。そのうちの一万四七三九名は五〇〇株所有未満のいわゆる「大衆株主」で、彼らが全株式の約四〇%を所有していました。鮎川はそうした「大衆株主」層の資金を株式市場から動員することを目的とする経営機構と経営手法を整備・開発し、それを通して積

鈴木商店
起源は明治七(一八七四)年頃神戸の鈴木岩次郎が開始した洋糖取引に求められる。岩次郎の死後、経営の実権を掌握した大番頭鈴木直吉のもとで鈴木商店は急成長を遂げ、第一次世界大戦時には取引高で三井物産を上回る総合商社に発展する。鈴木商店は貿易事業以外の分野に経営を多角化し、巨大な企業集団を形成するが、昭和初年の金融恐慌の中で破綻した。

大正財閥
第一次世界大戦期の戦争景気を利用して経営規模を拡大した鈴木、藤田、久原、川崎・松方、村井、野村、岩井などの後発財閥をいう。

田中義一
元治元(一八六四)年に

極的な株式金融を展開しようと考えます。
　久原は事業拡大には熱心でしたが、管理機構の整備には意を払いませんでした。それでも遅ればせながら大正九年には持株会社久原本店を合名会社組織にしますが、その業務は家産管理に限定され、傘下企業の統轄管理は依然として久原鉱業に委ねられていました。しかし、久原鉱業は多数の現業部門をもつ事業会社であり、傘下企業の管理まで手が回りませんでした。そして、そうした*コーポレート・ガバナンスの不備が久原財閥の崩壊の引き金となった久原商事の放漫経営を生み、無謀な投機取引を許す要因でもありました。それゆえ、久原家全体の事業を統一的な経営意思のもとに運営・調整するために統轄的管理機関の創設が不可欠でした。
　このような久原財閥の緊急を要する二つの課題の同時解決策として、鮎川は先に見た共立企業での経験を踏まえて、久原鉱業の公開持株会社構想を打ち出し、昭和三年十二月の久原鉱業株主総会につぎの三点を骨子とする議案を提出して承認を得ます。
　一、久原鉱業を純然たる統轄的持株機関とする。
　二、久原鉱業の株式を公開する。
　三、「久原」なる私人名の社名を廃して、日本産業株式会社とする。
　鮎川の狙いは、この改組によって、日本産業を久原家傘下企業の統轄管理機関にすると同時に、久原鉱業から引き継いだ「大衆株主」の資金を株式市場から動員し、さらに

長州藩士の家に生まれる。陸軍大将を経て立憲政友会の総裁となり、昭和二（一九二七）年に内閣を組織するが、張作霖の爆殺事件の処理をめぐり昭和天皇の信頼を失って総辞職する。昭和四年没。

井上馨の恩顧
貝島家が炭鉱事業で成功するきっかけは明治十八（一八八五）年に開坑した大之浦炭鉱の開発資金を井上馨の斡旋で三井物産から借り入れたことにあった。これ以後、貝島家は「井上を大恩人」として処遇し、顧問に就任させた。

コーポレート・ガバナンス
企業（グループ）の所有・支配機構と統轄管理を通じて、所有と経営のバランスを図り、企業

（グループ）の永続性と経営効率の向上を達成する仕組み。

世界恐慌
一九二九年にアメリカ・ニューヨークのウォール街で起こった株価の大暴落が全世界に波及した大不況のことをいう。

機会を見て傘下企業株式の公開、売出しを積極的に行って株式売却益金を獲得することにありました。こうして、「大正財閥」の久原財閥は抜本的に再編成され、公開持株会社を頂点にもつ新興財閥・日産コンツェルンとして再出発する体制を整えます。

二、日産コンツェルンの戦略と構造

「国民産業投資信託機関」を目指して発足

日本産業は、「株式所有権を一般公衆に付与して、事業資金を国民大衆に仰ぎ、〔中略〕事業より収得した利益を常に安定して投資（家）大衆に還元して国民の産業投資信託」機関になるという構想のもとにスタートしました（『日産及び関係会社事業要覧』）。ところが、発足当初の日本産業の資本投下事業分野は、「国民産業投資信託機関」として機能するにはまったく不適合でした。日本産業は投資総額の約七〇%を、久原鉱業の鉱山事業を引き継いで昭和四年（一九二九年）四月に設立された日本鉱業に投下していました。しかし、日本鉱業は世界恐慌*のあおりを受け、昭和五年上期以降連続三期欠損をだしていたため、日本産業も昭和五年上期から同七年上期までの五期にわたって無配を余儀なくされます。それゆえ、鮎川苦心の組織革新である久原鉱業の公開持株会社日本産業への改組策もまったく注目されませんでした。まして日本産業株式を公開して事業資金を集め、それによってコンツェルン経営を実施するという鮎川のビジネスモデルは、当時の財界通念とはかけはなれており、「無軌道的な且つ神がかりな観念論」（和田日出吉『日産コンツェルン読本』）として、一笑に付されました。

大規模なM＆A戦略の展開

鮎川義介はそうした批判に堪え、ひたすらビジネスチャンスの到来を待ちます。そして、そのチャンスは昭和六年九月の満州事変の勃発と同年十二月の金輸出再禁止措置をきっかけに日本経済が長い不況から脱出し、成長軌道を回復する中で巡ってきます。政府は金本位制*離脱後、金の買上げ価格を大幅に引き上げます。日本鉱業は業界トップの産金メーカーでしたから、金価格の上昇で一気に経営を好転させます。それに連動して、一時、一一・九円まで下落した日本産業の株価も昭和八年に入ると、一三〇円台の高値を付けました。

こうして日本経済が回復し、株式市場が活況を呈し始めると、鮎川は日本産業を念願の「国民産業投資信託機関」にするため、日産コンツェルンの事業の再編作業に着手します。そして、その再編作業は、公開持株会社日本産業の機構と機能をフルに活用して

金本位制
一国の貨幣の価値を金に裏付けられた形で表す金融制度。

表5　日本産業の配当金収入内訳（単位：千円、カッコ内は%）

昭和	4年下期	6年上期	7年下期	9年下期	10年下期	12年下期
日本鉱業	1,667(63.9)		1,998(84.6)	3,267(66.2)	4,083(46.7)	4,353(41.7)
日立製作所	429(16.4)	191(47.1)	157(6.6)	508(10.3)	600(6.9)	1,147(11.0)
大阪鉄工所					478(5.5)	
日立電力	172(6.6)	115(28.3)	115(4.9)	153(3.1)	99(1.1)	138(1.3)
共同漁業				171(3.4)	598(6.8)	
合同工船漁業				136(2.8)	797(9.1)	
日本食料工業				219(4.5)	755(8.6)	
日本捕鯨					98(1.1)	
日本水産						2,789(26.7)
山田炭礦				36(0.7)	57(0.7)	
日本炭礦					519(5.9)	
日本化学工業						1,055(10.1)
日本産業護謨				170(3.4)	225(2.6)	384(3.7)
日産自動車					249(2.8)	349(3.4)
日本油脂						95(0.9)
樺太汽船						63(0.6)
その他	341(13.1)	100(24.6)	92(3.9)	278(5.6)	193(2.2)	62(0.6)
	2,609(100)	406(100)	2,362(100)	4,938(100)	8,751(100)	10,435(100)

（宇田川勝『新興財閥』）

表6　日本産業株式と被合併企業株式の交換比率（単位：株）

日本産業株式	被合併企業株式
4	共同漁業　5
1	東洋捕鯨（旧）3
	〃　（新）12
1	大日本製氷（旧）4
	〃　（新）11 3/7
1	大阪鉄工所　3
7.3	大日本人造肥料（旧）10
5.6	〃　（新）10

（宇田川勝『新興財閥』）

表7　日産コンツェルン組織図（昭和12年6月）

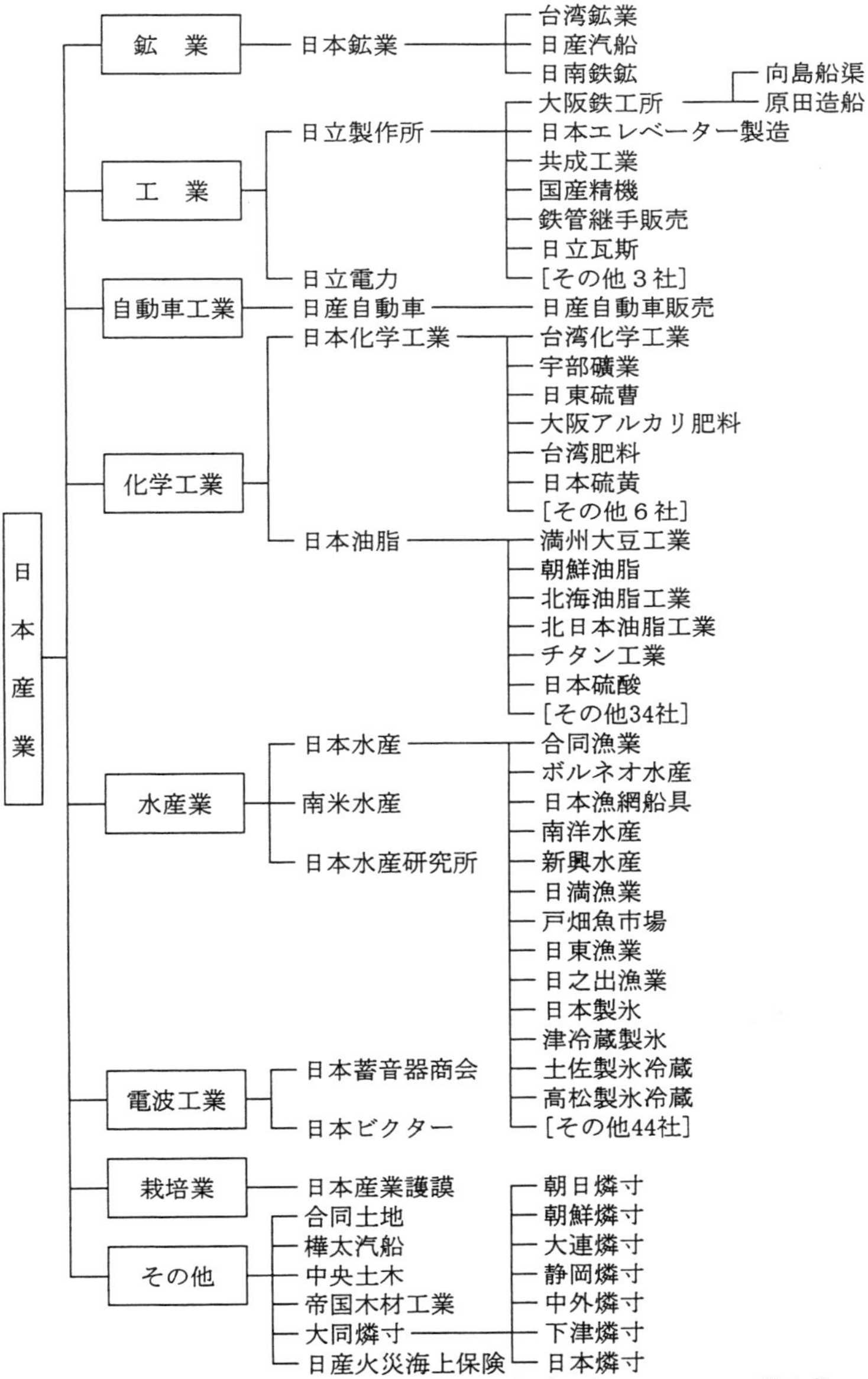
日本産業
鉱　業
日本鉱業
台湾鉱業
日産汽船
日南鉄鉱
向島船渠
原田造船
工　業
日立製作所
大阪鉄工所
日本エレベーター製造
共成工業
国産精機
鉄管継手販売
日立瓦斯
日立電力
［その他３社］
自動車工業
日産自動車
日産自動車販売
化学工業
日本化学工業
台湾化学工業
宇部礦業
日東硫曹
大阪アルカリ肥料
台湾肥料
日本硫黄
［その他６社］
日本油脂
満州大豆工業
朝鮮油脂
北海油脂工業
北日本油脂工業
チタン工業
日本硫酸
［その他34社］
水産業
日本水産
南米水産
日本水産研究所
合同漁業
ボルネオ水産
日本漁網船具
南洋水産
新興水産
日満漁業
戸畑魚市場
日東漁業
日之出漁業
日本製氷
津冷蔵製氷
土佐製氷冷蔵
高松製氷冷蔵
［その他44社］
電波工業
日本蓄音器商会
日本ビクター
栽培業
日本産業護謨
その他
合同土地
樺太汽船
中央土木
帝国木材工業
大同燐寸
日産火災海上保険
朝日燐寸
朝鮮燐寸
大連燐寸
静岡燐寸
中外燐寸
下津燐寸
日本燐寸
（和田日出吉『日産コンツェルン読本』）

推進されました。

第一に、日本産業はそれまで封鎖的に所有してきた日本鉱業株式、日立製作所株式の約五〇％をプレミアム付きで公開・売出し、巨額の株式売却益金を獲得します。

第二に、株式公開によって多数の株主を確保し、かつ日本産業の投資負担を軽減すると、日本鉱業と日立製作所は株主割当ての増資を実施して、事業資金を株式市場から調達します。

第三に、日本産業は獲得した巨額の株式売却益金を活用して既存企業を買収し、あるいは新規事業分野の開拓を図ります。

第四に、日本産業は高騰した株価を背景に自社に有利な株式交換比率を設定して、自社株式と既存企業株式の交換による後者企業の吸収合併を行います。

第五に、日本産業は既存企業の吸収合併によって株主を増加させると、株主割当ての増資を行う一方、吸収合併した企業と事業を整理統合して、子会社として分離独立させます。

以上の五つのプロセスを中心とする経営戦略を鮎川は「私の発明である」と主張していますが、今日の用語でいえば、それはM&A戦略、コングロマリット*操作、企業再生ファンドなどの「複合経営戦略」と言うべきものです。

こうした一連の「複合経営戦略」の展開によって、日本産業は久原財閥から引き継い

コングロマリット
企業の吸収合併・買収などによって異業種を経営する企業を傘下に収めて企業集団を形成し、それによって特異なシナジー効果の発揮をめざす経営手法、あるいはその企業集団をいう。

だ日本鉱業、日立製作所、日立電力等の会社に加えて、水産事業分野で日本水産、自動車工業分野で日産自動車、炭鉱・化学工業分野で日産化学工業、日本油脂、保険事業分野で日産火災海上保険などでの有力会社を傘下企業としました。その結果、日本産業の株式投資残高に占める日本鉱業の構成比は昭和七年上期と同十二年下期の間で七一・八％から三〇・三％に減少し、その一方でこの間に新たに日本産業の傘下に加わった日産自動車、日本産業護謨、日本水産、日産化学工業、日本油脂の五社が日本産業の投資残高に占める比率は昭和十二年下期には四八・二％に達します。そして、そうした傘下企業への投資構成を反映して、日本産業の傘下企業からの取得配当金は昭和七年下期では日本鉱業からのそれが全体の八四・六％を占めていましたが、その比率は同十二年上期には四一・七％まで低下し、その減少分を上回る四四・八％を右の新たに加わった五社から取得しています（42頁の表5参照）。

以上の数字から見て、鉱山事業依存から脱却して異種事業の組み合せ経営による危険の分散と事業収益の安定を図り、日本産業を「大衆株主」が安心して投資できる「国民産業投資信託機関」にするという、鮎川の計画がかなりの成果をあげていたと言うことができます。

日産自動車の創業

鮎川義介は、昭和八（一九三三）年には日本産業が巨額の株式売却益金を獲得すると、念願の自動車工業の開拓活動に踏み切ります。

鮎川はその動機をつぎのように語っています。

「一千万円という金が手に入った。よくいえば天から授かったようなもので無くしても惜しくはない。ほんとうはこの金を借金の整理に回せばよいのだが、そうしなくとも日本産業の計画に支障をきたすことはない。そこでこの金を戸畑鋳物に注ぎこんで、かねての考えどおり田舎の鋳物屋から自動車部品会社に転向することにしたい。いまは自動車工業に乗り出す好機である。というのは幸か不幸か、三井、三菱の財閥が自動車工業に手を出そうとしないし、住友も傍観している。われわれ野武士が世に出る近道は、いま自動車をやることをおいてほかにはない」（『日本自動車工業史口述記録集』）。

鮎川の自動車工業進出計画は三つの段階から成っていました。その第一段階は小型自動車ダットサン*と自動車部品の量産体制を確立するために自前の自動車会社を設立する。第二段階でGMと提携して日本GMの経営に参画し、アメリカの自動車製造技術を学ぶ。第三段階で国産三社の合同によって設立された自動車工業会社（いすず自動車の前身）

ダットサン

わが国自動車製造のパイオニアである橋本増治郎の経営する快進社は大正五（一九一六）年に小型車ダット号を完成した。その後、快進社は実用自動車製造を合同してダット製造自動車となり、鮎川義介の主宰する戸畑鋳物の傘下会社となった。鮎川は日産自動車でダット号生産を計画し、その車名を当初、ダットの息子の意味でダットソンとしたが、ソンは「損」に通じるという批判もあり、ライジングサンの「サン」をとってダットサンと命名した。

小型自動車ダットサン(『日産自動車30年史』)

の経営に参加する。そして第四段階で時機を見て、右の自動車会社、日本GM、自動車工業の三社を合同させ、一挙に日本の自動車工業を確立するという、壮大なものでした。鮎川は一年間に五〇〇万円ずつ投下し、五年間でこの全計画を達成することを発表します。

まず、鮎川は、昭和八年十二月、第一の計画に基づいて日本産業と戸畑鋳物の共同出資による自動車製造会社(翌年六月、日産自動車と改称)を設立しました。そして同時に、計画全体の眼目であるGMとの提携交渉を開始します。当時、陸軍省が外国自動車会社の排斥と自動車製造事業の許可制を企図する自動車国産化政策を要求していたこともあって、日本残留を望むGMは日本産業との提携実現を希望し、昭和九年十二月、GMは日本GM株式の五一%を日本産業に譲渡することに同意しました。

鮎川の自動車工業進出計画は順調にスタートしたかに見えました。しかし、現実は厳しく、鮎川は計画の一部の実現で満足しなければなりませんでした。GMと日本産業との提携計画とフォードの現地生産方式による組立会社の日本残留を恐れた陸軍省はその実現を阻止するために商工省内に台頭してきた「革新官僚*」と組んで、昭和十一年七月、自動車製造事業法*を強引に制定してしまったからです。

その結果、GMと日本産業の提携計画は実現不可能となり、また、鮎川の経営介入を恐れた自動車工業会社も日産自動車との提携あるいは合同策に難色を示します。そこで、鮎川は計画を練り直し、日産自動車横浜工場にベルト・コンベア方式の大量生産設備を整えると、日産自動車を自動車製造事業法の許可会社とするため、アメリカのグラハム・ベージ社から機械設備一式を購入して小型自動車ダットサン車と並んでニッサン車の量産体制を確立します。

このように、鮎川の自動車工業進出計画は第一段階までしか実現できませんでした。しかし、それでも、日産自動車を設立し、わが国最初のベルト・コンベア方式の大量生産体制を確立したことで、鮎川はトヨタ自動車の創業者豊田喜一郎とともに日本自動車工業の〝開拓者〟の栄誉を得ることになります。

革新官僚
日中戦争以降の戦争経済の進展の中で、戦時統制立法を立案・推進した親軍的な経済官僚をいう。

自動車製造事業法
昭和十一（一九三六）年に自動車事業の許可制と外資系会社の排斥を目的として制定された。豊田自動織機製作所（自動車部が分離独立してトヨタ自動車となる）、日産自動車、東京自動車工業（後のいすゞ自動車）が同法の許可会社となった。

表８　日本産業株主の所有株数別構成（昭和12年５月）

	株主数	全株主対比	持株数	平均持株数	持株比
1〜　499株	50,783名	98.029%	2,328,685株	45.9株	51.8%
500〜　999株	589	1.135	487,574	827.8	10.8
1,000〜 2,999株	303	0.584	386,002	1,273.9	8.6
3,000〜 4,999株	48	0.092	149,210	3,108.5	3.3
5,000〜 9,999株	48	0.092	315,701	6,577.1	7.1
10,000〜19,999株	19	0.036	271,399	14,284.2	6.0
20,000〜29,999株	7	0.013	171,670	24,524.3	3.8
30,000株以上	7	0.013	389,759	55,679.9	8.6
	51,804	100.0	4,500,000	86.7	100.0

（宇田川勝『新興財閥』）

コンツェルンの構造と統轄組織

先に見た「複合経営戦略」の展開によって、昭和八（一九三三）年下期と十二年下期の四年間に、日本産業の払込資本金は五二五〇万円から一億九八三七万円へと三・八倍、総資産額は九一〇八万円から三億八三一〇万円へと四・二倍、株式投資残高は五八三八万円から二億六九九万円へと五・一倍の増加を見ました。この結果、昭和十二年上半期時点で、日産コンツェルンの傘下企業払込資本金合計額は四億四三百万円となり、住友財閥を抜いて三井、三菱両財閥に次ぐ企業集団を形成します。

それでは、公開持株会社日本産業設立の主眼であった「大衆株主」の資金動員は、この膨張過程の中で、どの程度実現されたのでしょうか。日本産業の株主数は昭和八年上期以降の業績好転の中で、昭和九年下期末二万四八五一名、一〇年下期末三万三〇五八名と増加し、十二年上期には五万人台を突破して、五万一八〇四名を数えます。この時点で日本産業よりも多くの株主を擁していたのは南満州鉄道、東京

表9　日本産業の経営組織（昭和9年7月）

- 社長（鮎川義介）
  - 秘書役（岸本勘太郎・平井重美）
  - 業務部（下河辺建二）
    - 庶務課（吉田　潤）
    - 株式課（金坂新次郎）
    - 経理課（川端良次郎）
  - 監理部（山田敬亮）
    - 文書課（中口末松）
    - 統制課（宇原義豊）
    - 監査課（吉田寅五郎）
  - 企業関係部（鮎川義介）
    - 水産部（国司浩助）
    - 工業部（浅原源七）
    - 鉱山部（保田保治郎）

（宇田川勝『新興財閥』）

電燈、鐘淵紡績の三社しかありませんでした。表8は昭和十二年上期末時点で日本産業株主の所有株別構成を見たものです。全株主の九八％、五万七八三名は五〇〇株所有未満の「大衆株主」であり、彼らが全株式の過半数を超える五一・八％を握っていました。他方、一万株所有以上の大株主は三三名で全株数の一八・四％しか所有していませんでした。しかも、そのうちの十株主は社会的資金を集中している保険会社でした。

これに対して、日本産業発足時に約四〇％を所有していた久原・鮎川系株主の持株比率は、「大衆株主」の増加の中で減少を続けます。昭和十二年上期末時点の一万株所有以上の大株主の中で、久原・鮎川系株主は共立企業（当時、東京・藤田家の持株会社）、田村合名、鮎川義介、国司浩助の四名だけであり、全株式の五・二％を所有していたにすぎません。

このように、日本産業は公開持株会社を標榜するにふさわしい「大衆株主」を有し、株式の分散化も進んでいました。また、傘下の主要会社も株式を公開しており、昭和十五年下期時点で、日本鉱業は四万六六二二名、日産化学工業は三万八八四四名、日本水産は二万三五四

日産コンツェルンの本拠、日産館（東京市芝区田村町）

七名、日立製作所は二万二四四七名、日本油脂は一万一九四二名、の株主を擁していました。

久原鉱業から日本産業への改組時に、鮎川が構想した事業資金を株式市場から動員・糾合し、それによってコンツェルン経営を実践するという、ビジネスモデルは見事に開花したと、言うことができます。

そして、注目すべきは、鮎川がこのビジネスモデルに適合的な内部組織を構築したことです。昭和九年七月、日本産業は組織改革を行い、鮎川社長のもとに業務、監理、企業関係の三部を設置します（表9）。業務部は傘下企業の株式公開・増資と企業買収・追加資金の調達を行う部署です。企業関係部（鉱業・工業・水産の三部）は買収企業と新規事業分野の調査・選定を行い、そして、監理部は傘下企業の統轄管理を担当しました。

日産コンツェルンの急成長の原動力であった巨

額の株式売却益金の獲得と既存企業の買収・再生戦略はこうした内部組織によって支えられていました。その意味で、鮎川は経営戦略の革新者であると同時に、組織機構の革新者でした。

そして同時に、鮎川は日産コンツェルンの経営実績を背景に、公開持株会社日本産業は「国民産業投資信託機関」として機能する機構であり、それゆえ、日本産業の経営者は株主の受託者として国民大衆とともに歩み、日本の産業発展の新たな担い手として行動しなければならないと主張しました。鮎川のこの主張は、昭和初年の不況をきっかけに三井、三菱、住友等の大財閥への「富」の集中、事業経営における財閥家族の封鎖的所有・支配体制、そして彼らの保守的な経営行動に対して批判が続出する中で、財閥経営のアンチ・テーゼとして提唱されたこともあって、注目を集め、新しいビジネスイデオロギーとして一躍脚光をあびました。

三、日産の満州移駐

「満州産業開発五ヵ年計画」

昭和十二（一九三七）年十一月、突然、わが国第三位の企業集団・日産コンツェルン

「満州国」
昭和七（一九三二）年から同二十年の間、満州（現在の中国東北部）に存在した日本の傀儡国家。

南満州鉄道（満鉄）
日露戦争後の明治三十九（一九〇六）年に設立され、昭和二十（一九四五）年の日本敗戦時まで満州に存在していた日本の特殊会社。

関東軍
南満州鉄道（満鉄）付属地を警備するために設置された守備隊が前身で、大正八（一九一九）年に関東軍と改称された。昭和六（一九三一）年に満州事変を引き起こし、日本の敗戦時まで「満州国」を実質的に支配した。

満州重工業開発株式会社の本社（新京）

の本社日本産業は「満州国」首都（新京）の南満州鉄道付属地に移転して社名を満州重工業開発株式会社（以下、満業）と改称するとともに、「満州国」政府の資本を受け入れると発表します。そして、昭和十二年十二月一日の「満州国」の治外法権の撤廃によって、満業は「満州国」法人会社となり、同国が推進する「満州産業開発五ヵ年計画」の遂行機関となりました。

「財界の二・二六事件」「満州産業独占の大芝居」などのセンセーショナルな話題を提供した日産コンツェルン本社の満州移駐のきっかけは、受け入れ側の「満州国」政府と関東軍によってもたらされました。「満州国」の経済建設を急ぐ「満州国」政府と関東軍は、ソビエト連邦の「産業建設五ヵ年計画」を模倣して、南満州鉄道（満鉄）を開発主体とする総投資額二二億円の「満州産業開発五ヵ年計画」を策定し、昭和十二年四月から実施します。

「五ヵ年計画」の実施に先立って、昭和十一年秋、関東軍は日本内地の実業家を招いて全満州の産業を視察させた上で、「五ヵ年計画」について意見を求めます。この時、渡満したのは津田信吾、安川雄之助、野口遵、森矗昶、鮎川義介らでしたが、中でも鮎川の意見が一番注目されました。鮎川は第一に一業一社主義に基づく産業別開発方式を批判して、産業開発全体を統轄・指揮する中枢本社を設立し、そこに全経営資源を集中して産業開発を進める総合ピラミッド方式を主張します。そして第二に開発資金と技術を外国、とくにアメリカに求め、アメリカ式の産業開発を提案しました。

「五ヵ年計画」の実施直後、日中戦争が勃発し、日満両国の戦時経済体制の確立と満州の兵站基地建設が急務となり、「五ヵ年計画」も鉱工業部門を中心に二倍に拡大修正されます。その反面、開発主体の満鉄は本業の国策線建設に専念しなければなりませんでした。そこで、「満州国」政府と関東軍は急きょ満鉄に代わる「五ヵ年計画」の遂行主体をさがし、鮎川の率いる日産コンツェルンに白羽の矢を立てます。日産が選ばれた理由としては、①日産が「五ヵ年計画」の眼目である鉱工業部門中心の企業集団であり、とくに軍部が渇望している自動車工業を傘下にもっていたこと、②日産は本社の日本産業はもとより、傘下有力企業も株式を公開しているオープン・コンツェルンであること（このことは、「満州国」建国以来、「反財閥」主義を標榜してきた関東軍にとって好都合でした）、③短期間に日産コンツェルンを急成長させた鮎川の経営手腕が高く評価されたこと、④鮎川の提唱する総合開発方式と外貨導入構想が魅力であったこと、などがあげられます。

日産側の事情

「満州国」政府と関東軍の要請を受け入れたのには、もちろん日産コンツェルン側の事情もありました。日産コンツェルンの事業拡張は既存企業の吸収合併策と事業再生策によって実現されました。そして、日産コンツェルン本社の日本産業にとって、株式市場の活況を背景に実施した傘下企業株式の公開の売出しによる株式売却益金の獲得と、その直後の日本産業および傘下企業の株主割当てによる増資が重要な資金調達源泉でした。しかし、戦時経済統制は株式市場にも波及し、日産コンツェルンのビジネスモデルの展開を次第に困難にさせていきます。その上、昭和十二年に入ると、法人所得税の大増税に加えて、北支事件特別税*と利益配当金特別税が新設されます。その結果、傘下に有力企業を擁していても、日本産業の公開持株会社としての妙味はなくなり、相次ぐ増税は日本産業の経営に大きな打撃を与えました。とくに利益配当金特別税は持株会社日本産業を直撃し、財務担当役員が孫・子・親会社の各段階で課税される税の二重、三重負担を避けたため、日産コンツェルンの解散を主張するまで、事態は深刻化していまし

北支事件特別税
盧溝橋事件に始まる日中戦争の経費のために昭和十二（一九三七）年八月に新設された特別税をいう。

た。

そうした状況の中で、「満州国」政府と関東軍から満州進出の打診を受けた鮎川義介は日産コンツェルンの隘路打開策として満州進出を決断し、合わせて日本産業を改組改称した満業を「満州産業開発五ヵ年計画」の遂行機関とし、日満両国にまたがる一大コンツェルンの建設を企図したのです。そして、鮎川は日満両国政府と交渉して、日本産業の渡満条件として、①「満州国」内への新規投資に対する年六分配と元本の保証、②二重・三重課税負担の軽減、③株式担保付社債発行の認可、④株式の市場性の尊重、⑤配当政策の自由、⑥国策金融機関の支援、の六特典を認めさせると、昭和十二年十一月、日本産業の株主総会を開き同社の「満州国」への移駐を決議します。

鮎川義介の満州進出に賭けた夢

日本産業の渡満には、鮎川義介の遠大な構想が秘められていました。鮎川は日満両国政府と交渉して、日本産業の満州移駐のベースとなる「満州重工業確立要綱」の中に「諸事業の開発経営資金に付いては外国資本の参加を認め外国の技術設備と共に外資の参入を図るものとす、右は本案の要件として特に重きを導くものとす」と明記させます。

鮎川の計算では満州の地に重工業を建設するためには十年の歳月と三〇億円の開発資

金が必要でした。鮎川は開発資金のうち、できれば半分、少なくとも三分の一は外国、とくにアメリカから導入すべきであると考え、満業成立後ただちに渡米し、自ら外資導入交渉にあたる計画を立てます。鮎川は単に「五ヵ年計画」の資金上のネックを解決するために、アメリカ資本導入を計画したのではありません。彼はアメリカ資本を「五ヵ年計画」に参画させることで、日米両国に共通する経済関係を満州の地に創り上げ、それをテコに悪化している両国関係の改善を図り、最終的にはアメリカの「満州国」承認を取り付けるという、遠大な構想を抱いていました。そして、その構想を実現するために、鮎川は「満州重工業確立要綱」で外資導入を最重要事項と位置づけさせ、その履行を日満両国政府に確約させたのです。

四、満業経営の見果てぬ夢

最大規模のコンツェルン

満業は、昭和十二（一九三七）年十二月、資本金を倍額の四億四〇〇〇万円に増資して、その増資新株式を「満州国」政府に引き受けさせ、半官半民の国策会社*となります。満業は、「満州国」および満鉄が所有する特殊・準特殊会社の株式を肩代わりするりすると

国策会社
植民地や占領地域での経済・産業開発の目的のために、特別な法律によって設立された会社。

表10 満業の事業投資残高（単位：千円）

昭和	満州関係事業			日本関係事業			合　計
	株式	貸付金	計	株式	貸付金	計	
13年下期	247,199	3,035	250,235	267,464	57,533	325,019	575,254
14　下	572,333	66,138	638,471	267,654	54,085	321,739	960,210
15　下	953,557	169,746	1,123,303	270,876	47,718	318,594	1,441,897
16　下	1,026,582	471,457	1,498,039	187,983	42,651	230,634	1,728,673
17　下	1,286,225	495,414	1,781,639	49,113	1,409	50,522	1,832,161
18　下	1,735,161	628,609	2,363,770	—	—	—	2,363,770
19　下	1,915,545	1,342,957	3,258,502	—	—	—	3,258,502
20　上	2,033,426	2,141,285	4,174,711	—	—	—	4,174,711

（原朗「『満州』における経済統制策の展開」安藤良雄『日本経済政策史論』上）

表11 満業の産業別投資額推計（単位：千円）

昭和	鉄鋼	石炭	東辺道	鉱山	軽金属	飛行機	自動車	機械他
13年上期	83,050	47,283	—	17,757	24,000	—	1,880	—
下	25,000	16,000	6,800	12,500	6,250	5,000	1,680	—
14　上	25,000	53,000	7.200	12,500	6,250	5,000	25,000	—
下	69,000	73,000	34,231	21,000	25,618	19,879	10,940	—
15　上	30,016	78,719	26,719	27,114	18,279	22,007	10,940	—
下	61,905	88,200	24,021	16,588	14,054	14,496	10,133	41,800
16　上	51,133	118,039	23,400	18,085	12,842	22,000	—	△3,200
下	39,534	44,971	26,419	25,000	6,084	10,437	△16,122	6,400
17　上	69,017	43,270	25,883	25,000	4,336	10,000	8,116	—
下	62,068	51,819	11,535	8,596	2,662	10,000	34,429	27,510
18　上	70,971	263,754	—	24,958	8,813	—	6,350	11,726
下	129,500	△178,525	—	7,500	59,400	—	—	62
19　上	140,000	43,830	△139,000	51,500	27,500	—	25,000	△2,682
下	△13,000	48,457	—	△76,907	6,250	25,000	—	10,755
20　上	—	45,457	—	—	12,500	50,000	—	9,450
計 2,783,599 (△215,907)	843,195 (30.3%)	837,274 (30.1%)	186,208 (△139,000) (6.7%)	268,098 (△76,907) (9.6%)	234,838 (8.5%)	193,819 (7.0%)	118,346 (4.2%)	101,821 (3.6%)

（原朗「『満州』における経済統制策の展開」安藤良雄『日本経済政策史論』上）

もに、「満州産業開発五ヵ年計画」の遂行機関としての活動を開始しました。最初に、満業の投資実績を表10によって概観しておけば、満業の投資残高は昭和十三年下期と同二十年上期の七年間で五億七五二五万円から四一億七四七一万円へと七・三倍の増加を見ました。満業は在日系企業と在満系企業の統轄的持株会社ですが、昭和十四年下期には早くも満州関係事業への投資残高が日本関係事業へのそれを上回り、以後、その残高は昭和二十年上期まで毎期増加を続けます。これに対して、日本関係事業への投資残高は減少を続け昭和十八年下期末をもって皆無となります。これは、後述するように、日本関係事業への投下資金を回収し、それを満州関係事業へ投資したからです。

つぎに満業の在満事業への産業別投資額(表11)を見れば、全投資額の六〇%を鉄鋼、石炭両部門に投下しており、これに東辺道開発[*]、石炭以外の鉱山、軽金属、飛行機などの部門が続いていました。要するに、満業の投資額の大半は各種鉱山、鉄鋼、軽金属などの基礎資材部門に向けられており、満業設立時の主眼であった飛行機、自動車などの機械工業部門への投資はそれ程大きなものではありませんでした。

このような投資内容をもっていましたが、満業は膨張を続け、昭和十六年には傘下に在満系企業三一社、在日系企業六三社の計九四社を支配し、その払込資本金合計額は二二億六四五五万円に達します。この時点で三井財閥傘下企業払込資本金合計額は一三億六二九九万円、三菱財閥のそれは一二億六三九九万円でしたから、満業の規模は三井、

東辺道
「満州国」の東部の朝鮮に隣接している鉱山資源の豊富な地域。

三菱両財閥を上回っていました。

満業経営の実態

鮎川義介は日満両国にまたがる一大コンツェルンの主宰者でした。しかし、彼は満業の経営に不満でした。「満州産業開発五ヵ年計画」が予定通り進捗せず、開発実績が計画を大幅に下回っていたからです。そして、このことは鮎川の満州開発構想が頓挫した結果でもありました。鮎川の開発構想の要諦は、前述したように、外国資本・技術の導入と総合開発方式の実施でした。鮎川は満業成立後ただちに渡米し、アメリカ資本の導入交渉にあたるため、日本郵船の浅間丸の客室を予約していました。しかし、満業発足直後の昭和十二年十二月十二日、揚子江を航行中のアメリカ砲艦「パネー号」を日本海軍が誤爆撃沈させた事件をきっかけにアメリカ国民の対日世論が硬化し、さらにアメリカ資本の導入を嫌悪する軍部や右翼の威嚇行動もあって、外務省は鮎川の渡米査証を発行しませんでした。

そこで、鮎川は腹心の満業理事浅原源七、三保幹太郎らをアメリカに派遣し、外資導入工作にあたらせます。しかし、その交渉相手の多くは「二流、三流の金融ブローカー」でしかなく、それとても最終的には「満州国」の未承認問題がネックとなり、成立しませんでした。また、外国人金融業者による直接引き合いもかなりありましたが、いずれも交渉の域を出るものではなく、鮎川は、結局、昭和十四年七月二十日付で、「外資問題経過報告書」を「満州国」政府と関東軍に提出し、外資導入が挫折したことを認めざるを得ませんでした。

その後、鮎川は方向を転じて友好国のドイツからの開発機械・資材の導入を考え、昭和十四年十二月から翌年四月にかけて欧州諸国を訪問した際、ヒトラー総統と会見して、満州産の大豆とドイツ製機械の「バーター取引」を提案します。しかし、すでに第二次世界大戦に突入していたドイツに機械設備を輸出する余力はなく、鮎川の提案は実現しませんでした。

満人服姿で新京飛行場時代に降り立つ
鮎川満業総裁（昭和13年6月）
（小島直記『鮎川義介伝』）

資源開発資材の不足に直面した鮎川は開発構想を練り直し、アメリカ式大農法の導入による農業開発の可能性を「満州国」政府と関東軍に打診します。しかし、この開発変更策を関東軍は認めませんでした。

満業は「満州産業開発五ヵ年計画」の実施会社の統轄機関でした。しかし、統制経済の進展と満州の兵站基地建設強行の中で、満業と傘下企業の経営活動に関東軍第四課が「内面指導」の名目で絶えず介入し、また、満鉄から移管された企業との意思疎通と業務連携も容易ではなく、満業は総合開発機関としての役割を十全に果たすことができませんでした。その上、昭和十五年に入ると、「五ヵ年計画」自体の開発理念が満州の地に重工業地帯を建設するという当初の方針から原材料資源を日本に可能な限り供給する方針に転換されてしまいます。

日中戦争の拡大と日米両国の関係悪化の中で、鮎川の満州開発構想は挫折と後退を続け、満業コンツェルンの肥大化とは裏腹に見果てぬ夢と化していきました。

満州脱出策

昭和十五（一九四〇）年四月の「満州産業開発五ヵ年計画」実施方針の転換とドイツとの「バーター取引交渉」の失敗に直面すると、鮎川義介は満業による産業開発に見切りをつけ、秘かに満州脱出策を構想し始めます。そして、昭和十六年八月、重要産業統制令に基づく日満両国を一体とする産業部門ごとの統制会の設置によって、満業の経営権限の多くが統制会*に移行されると、鮎川は満州脱出のための二つの方策を計画します。その第一は満業を「満州国」の産業開発機関から単なる傘下企業の統轄管理機関とすることであり、第二は満業コンツェルンを在満系企業群と在日系企業群に分割して、それ

統制会
戦時統制経済の下で重要産業分野ごとに設立された経済統制組織で、重要産業団体令に基づく統制会として昭和十六（一九四一）年、鉄鋼統制会が設立されたのを皮切りに各種統制会が相次いで成立し、十八年初頭までに三三の統制会が設置された。

高碕達之助
明治十八（一八八五）年大阪府に生まれる。農商務省水産講習所（現東京海洋大学）に入所。メキシコ万博漁業の水産技師として活躍後、大正七（一九一八）年に東洋製罐を創立する。昭和十七（一九四二）年に満州重工業開発の総裁に就任し、同社の戦後処理を担当する。戦後、昭和二十七年に電源開発初代総裁に就任したのち、政界に進出して衆議院議員となり、通商産業大臣、経済企画長官などを歴任した。昭和三十七年には国交のなかった中華人民共和国を訪問し、廖承志との間に日中総合貿易（いわゆるLT貿易）に関する調印を行った。昭和三十九年没。

ぞれを二元的に管理運営することでした。前者の方策から見ていけば、満業は職制を改正して「満州国」から負託された産業開発権限を各統制会へ移行し、その任務を傘下事業会社の人事、資金調達、技術指導の三分野に限定しました。そして、後者の方策として、昭和十六年六月、満州投資証券株式会社（満投）を設立します。満業は「満州重工業確立要綱」によって、在日系会社株式の資金化を順次行い、その資金を満州関係事業に投下する責務を課せられていました。鮎川は満投の設立によって、その責務を果たすとともに、在日系企業群、すなわち日産コンツェルンの支配権を満業から奪回することを計画します。

戦時経済の進展の中で大量の国債を購入させられていた生命保険各社は、業績好調な軍需関連会社株式の購入を切望していました。そのことを察知した鮎川は、日満両国政府の了解のもとに、生保十八社の共同出資による「満州国」法人の満投を設立して満業所有の在日系会社株式を肩代わりさせ、その代金を満州産業開発に投下します。

満投の資本金は満業所有の在日系会社株式の総額に等しい四億円でした。そして、満投の株式は一株一〇〇〇円の無議決株式三九万五〇〇〇株と議決権付株式五〇〇〇株の二種類あり、前者株式には「満州国」政府の六分配当保証と元本の十年後償還保証が付与され、生保各社によって、後者株式は満業成立後の在日系会社の連絡機関であった株式会社日産によって、それぞれ引き受けられました。

満州重工業開発の新総裁に就任した高碕達之助、右は鮎川前総裁（昭和17年12月）（『高碕達之助集』上）

満投の設立と満業所有の在日系会社株式の満投への売却によって、満業コンツェルンは満業が統轄管理する在満系企業群と満投が株式の大半を所有する在日系会社群に分割されました。そして、鮎川は満投の議決権付株式を株式会社日産（のちに鮎川が主宰する財団法人義済会）に所有させることで、在日系会社群＝日産コンツェルンの支配権を満業から取り戻すことに成功します。

満業から満投への在日系会社株式の肩代わりが完了すると、シンガポール陥落の祝賀行事に沸く昭和十七年二月、鮎川は後継総裁に高碕達之助を*指名し、同年十二月、満業の総裁を退任しました。

第四章　戦後の日産系企業と鮎川義介

一、日産系企業の発展

財閥指定時の日産コンツェルン

第二次世界大戦後、連合国軍最高司令部*（GHQ）の改革政策のもとで、日産コンツェルンは十大財閥に指定され、解体されます。財閥指定時の日産コンツェルンは、先に見たように、満業系の在満企業を分離していました。しかし、その規模は巨大で、傘下一七二社の払込資本金合計額は三井の二五億円、三菱の二一億円、住友の一九億円に次ぐ一七億円に達しており、全国会社比の五・三％を占めていました。日産は典型的な重化学工業コンツェルンで、右の払込資本金合計額の九二％を鉱礦、機械器具、造船、化学の各分野に投下していました。

戦時下に日産コンツェルンは急膨張を遂げました。傘下企業の払込資本金合計額は昭和十三年の四・三億円から同二十年の一八億円へと三・七倍の増加を見ました。急膨張

連合国軍最高司令部
GHQ。敗戦後の日本を占領・管理する総司令部として設置された機関。昭和二十七（一九五二）年の対日講和条約の発動で廃止された。

時局会社
戦争遂行に不可欠な事業を営んでいる会社をいう。

表12 日産コンツェルンの業種別投下資本金分布

（1946年の財閥指定時）（単位：千円、%）

業種	傘下企業払込資本金	対総計比率	全国合計払込資本金	対全国比率
保険業	4,650	0.3	168,312	2.8
鉱礦業	565,466	32.6	3,070,750	18.4
金属工業	18,900	1.2	3,829,681	0.5
機械器具工業	760,529	43.8	6,018,598	12.6
造船業	111,750	6.2	1,613,811	6.9
化学工業	101,416	7.7	2,968,529	3.4
窯業	2,850	0.2	315,486	0.9
農林、水産、食品	78,222	4.5	1,182,641	6.6
雑業	21,800	1.2	1,265,722	1.7
電力、瓦斯	1,252	0.1	3,825,574	0
陸運業	5,225	0.3	933,090	0.6
海運業	1,145	0.1	992,080	0.1
土地、建物、倉庫	5,550	0.3	599,602	0.6
商事、貿易業	24,700	1.5	2,723,796	0.9
総計	1,703,455	100	32,379,516	5.3

（持株会社整理委員会編『日本財閥とその解体』第１巻）

を牽引したのは「時局会社」*の日本鉱業と日立製作所で、この間の払込資本金増加額の五〇%は両社の増資によるものでした。

大戦後、日産コンツェルン各社の株式所有機関である満州投資証券は閉鎖機関となり、株式会社日産、日本鉱業、日立製作所、日産化学工業の四社が持株会社の指定を受けました。戦時中に日本鉱業、日立製作所、日産化学工業は、資本力が脆弱であった株式会社日産に代わって、コンツェルン参加企業の株式を所有し、それ自身コンツェルン化していたからです。

日産コンツェルンの主要会社の大半は株式を公開している上場会社でした。しかし、わが国第四位の企業集団を主宰する鮎川義介の有価証券保有額は財閥指定五十六家族の中で、下から二番目の四八万四〇〇〇円に過ぎませんでした。財閥解体を指揮したＥ・Ｍ・ハードレー女史は、

戦犯容疑者として巣鴨拘置所に収監される前日、家族と撮影（昭和20年12月）
（『鮎川義介先生追想録』）

その著『日本財閥の解体を再編成』の中で、「日産はいかなる点でも同族支配ではなかったけれども、その規模からみて持株会社整理委員会は日産を指定しなければならなかった」と述べています。そして、鮎川も「満州産業開発五ヵ年計画」遂行機関の満業総裁であったがゆえに、無罪となったとはいえ、戦犯容疑者として巣鴨拘置所に収監されます。

春光会の結成

昭和二十六（一九五一）年のサンフランシスコ条約の発効によって日本が独立を回復し、翌二十七年に財閥の商号使用が解禁されると、いったん解体された財閥系企業の再結集が進み、戦後型企業集団グループを形成しました。再結集が早かったのは、三大財閥系企業で、住友系企業が昭和二十六年に社長会・白水会を、三菱系企業が昭和二十九年に金曜会を、三井系企業が昭和三十四年に二木会を結成し、企業集団活動を開始します。次いで昭和四十年代に入ると、三大財閥以外の財閥系企業の多くも、*メイン・バンクの富士・三和・第一勧業銀行を中核に社長会を結成し、企業集団を形成していきました。

いずれの場合も、企業集団形成の発端は安定株主の確保にありました。財閥解体措置による持株会社の消滅によって安定株主を失った三大財閥系企業は昭和二十年代にしばしば*テイク・オーバーの危機に直面しました。そして、独自に企業集団を形成できなかった他の財閥系企業も、昭和四十年代に入ると、*資本の自由化とそれにともなう外国企業によるテイク・オーバーの脅威にさらされました。

そのため、テイク・オーバーから自己を防衛する手段として、財閥系企業は独自に、あるいはメイン・バンクごとに社長会を結成し、社長会メンバー企業が相互に株式を持ち合う方法で、株主の安定化を図りました。

このように、企業集団の基本機能は株式の相互持ち合いによる株主安定化にありました。ただし、企業集団に参加するメリットはそれだけではありませんでした。まず、第一に企業集団メンバー企業は株主の安定を背景に、四半期毎の収益にわずらわされず、長期的視点に立って事業経営に集中できました。第二にメンバー企業は企業集団所属企業との取引を行うことで取引コストを消滅することができ、第三に企業集団内に蓄積された異業種の情報を容易に入手することが可能となり、そして、第四に不況業種からの

メイン・バンク
主力銀行。企業が取引している銀行の中で有し順位が第一位の銀行をいう。

テイク・オーバー
買収・乗っ取りの意味。ある企業が別の企業を株式購入を通して経営権を取得すること。

資本の自由化
昭和四〇年代に行われた外国資本の日本への直接投資の自由化措置をいう。

撤退や新規事業への進出に際して、メンバー企業が共同行動をとることでリスクをシェアすることができました。

こうした基本的、付加的諸機能を活用することで、企業集団メンバー企業は安定的な成長を可能にし、また、彼らの集合体である各企業集団は高度経済成長の担い手となり、外国から「ケイレツ」と呼ばれる日本独自の企業間関係システムを形成していきました。

日産コンツェルンの主力会社は戦後の産業界においても、大きなウエイトを占めていました。高度経済成長の出発点となった昭和三十年下期時点での資産額から見た鉱工業一〇〇社の中で、日立製作所は第四位、日産自動車は第一五位、日立造船は二一位、日本鉱業は二二位、日本水産は四九位、日産化学工業は六三位にランクされていました。

そして、注目すべきは、日産系主力会社は右にみたメイン・バンクを中核とする企業集団に所属すると同時に、企業集団を横断する独自の企業グループを形成したことです。昭和三十七年に日本水産社長鈴木九平の呼びかけと日立製作所会長倉田主税のリーダーシップによって日産系十三社の社長が集まり、社長会・春光会*を発足させました。春光会メンバー企業は他の企業集団に所属していてテイク・オーバーの危機がなかったこともあって、相互株式持ち合い比率は五%前後でした。その代わり春光会メンバー企業は結束の拠り所を各社間の情報交換と人的交流・懇親活動に求めました。そして、春光会の活動と並行して、昭和四十六年から春光会メンバー企業とその関連会社を会員とする

春光会の由来
春光会の名称は日産系一三社の最初の社長会が春光会館で開かれたことと、「春光」という字義が佳語であることとに由来する。春光会館は、伊藤博文の実子で日本鉱業社長などを務めた日産コンツェルンの重鎮・伊藤文吉の邸宅を迎賓館施設に増改築の上、彼の雅号「春光」をとって命名された。

日産懇話会（現在、春光懇話会）を設置し、会員会社の支店、工場等が所在する日本各地および海外に地域懇話会を組織して草の根的なグループ活動を展開し、企業間の情報交換と親睦活動の輪を広げていきました。ちなみに、平成二十二年（二〇一〇年）三月現在、春光会メンバー企業は一九社、会員会社は一三七社、地域懇話会は国内五十三ヵ所、海外二十一ヵ所を数えています。

一九九〇年代に入ると、バブル経済の崩壊とグローバル経済の進行の中で、企業集団を取り巻く環境は大きく変化しました。各企業集団の社長会メンバー企業の多くは収益力の低下と過剰設備・人員に苦しみ、さらに外国人株主の増加もあって、他社株式の大量保有が困難となりました。また、各社の資金調達も間接金融*方式から直接金融方式に転換し、彼らのメイン・バンク離れも進行しました。そして、各社とも生き残りと事業再編を賭けて、企業集団の垣根を越えた合従連衡策に踏み出し始めました。

今日、企業集団は株式相互持ち合いを基軸とするハードな企業の結集体から情報交換や懇親活動を重視するソフトでオープンなそれへと移行しています。それらの動きは日産グループが再結集以来追求してきた方向です。いま、風は日産グループの追い風となって吹いていると言えます。

間接金融と直接金融
企業が事業資金を金融機関から借り入れる方式を間接金融といい、株式や債券を発行して株式・債券市場から直接資金を調達する方式を直接金融という。

二、ベンチャーキャピタルの先駆者

〝巣鴨大学〟の卒業テーマ

鮎川義介は、昭和二十（一九四五）年十二月、準A級戦犯容疑で巣鴨拘置所に収監されます。鮎川が全寮制の〝巣鴨大学〟と呼んだ拘置所生活の中で、思索した課題は、戦後日本の復興、とくに日本経済の再建策でした。そして、鮎川は、昭和二十二年八月、戦犯容疑が解除され釈放されたとき、〝巣鴨大学〟卒業後の活動テーマとして、左の三点を選び、発表します。

一、国土計画による道路網の整備
二、電源の開発および利用
三、中小企業の画期的振興

「道路」と「電源開発」は戦後の日本経済復興のためのインフラストラクチャー整備問題であり、「中小企業」は日本経済再建の担い手育成策でした。鮎川は公職追放中の*身にもかかわらず、この三テーマの実行可能性を求めて全国各地を実態調査するとともに鮎川事務所のスタッフを動員し、さらに専門機関の助力を頼んでマスタープランの作

公職追放
日本の占領期に連合国軍最高司令部（GHQ）の指令により、戦犯、軍人、戦争協力者が公職に就くことを禁じられたことをいう。

成に取り組みます。そして、「道路」については、昭和二十八年十二月に「幹線道路網整備案第一次計画」を作成し、政府関係機関および各政党に建議書として提出しました。この建議書は日本道路公団による初期高速道路建設計画に活用されました。鮎川の「電源開発」の要諦は外資導入にありました。鮎川の外資導入構想は実現されませんでしたが、莫大な電源開発調査資料は電源開発会社に引き継がれ、鮎川の盟友高碕達之助総裁のもとで活用されることになります。

中小企業助成活動

昭和二十七年（一九五二年）四月、鮎川義介は公職追放を解除されました。鮎川に対して、いくつかの日産コンツェルン系企業から会長として復帰して欲しいという打診がありました。しかし、鮎川は「大企業は卒業した」と答えて、そうした要請を断り、「中小企業」問題に取り組む決意をします。「道路」「電源開発」問題とは異なり、「中小企業」問題は受け皿機関がなかったからです。

鮎川は植民地を失い、外貨欠乏の日本が技術格差の開いた先進工業国と競争して重化学工業を再建することは至難であると考えました。まして当時の緊急課題である大量の失業者や復員者の雇用吸収経路として資本集約型の重化学工業は適切ではないと思われました。その点、経営諸資源の使用が少なく、外貨獲得が可能である、労働集約型の中小企業を戦後日本の経済再建の担い手として育成する方が、経済合理性にかなうと、鮎川は考えたのです。そして、鮎川は先に述べたアメリカでの職工生活を通して体感した手先の器用さ、動作の機敏性、コツの応用等の日本人の作業特性は大企業よりも中小企業の方が生かされると考えます。

鮎川は中小企業の経営指導・育成機関として、昭和二十七年二月、日産コンツェルン関係会社の支援で資本金三億円の株式会社中小企業助成会社を設立し、ただちに岐阜県多治見の陶磁器、東京向島の機械・玩具・造花、新潟県燕の洋食器、岐阜県関の刃物、大阪府の模造真珠、三重県鳥羽の人造真珠、静岡県磐田のビロード、石川県山中の自転車用チェーン、リムの製造、名古屋の自転車用クランク・ペタルの製造等の、主として輸出向け雑貨製造業の調査を開始します。そして、それと並行して、中小企業を対象とする銀行の設立を計画し、堤康次郎の所有する高田農商銀行を譲り受けて東亜銀行とし、さらに昭和二十七年八月、それを中小企業助成銀行と改称します、中小企業助成会と中小企業助成銀行の関係は、まず前者が中小企業経営者や金融機関の依頼を受けて当該中小企業の業態審査、融資の斡旋、経理および技術の指導、債務の保証を行い、後者の中小企業助成銀行が中小企業助成会の審査、債務保証を受けた中小企業経営者に融資することになっておりました。そして、中小企業助成会は斡旋した融資の連帯保証料として年三%の保証料を徴収し、さらに当該企業との交渉の上、経営指導料および事業成功報酬を受けとることができました。また、中小企業助成銀行は自己資金による融資に加えて、日本開発、日本長期信用両行の代理貸付業務も行いました。

こうした中小企業助成会と中小企業助成銀行を両軸とする中小企業育成プログラムは、今日のベンチャーキャピタリスト*の先駆けであったと言えます。日本において、投資事業組合方式のベンチャーキャピタリストの活動が本格化するのは一九八〇年代に入ってからです。鮎川はこれより三〇年前に中小企業育成策を構想し、ベンチャーキャピタリストとしての活動を開始しています。鮎川の時代を先取りした革新的な企業家活動は第二次世界大戦後も健在でした。

ベンチャーキャピタリスト ベンチャービジネスに創業資金を投資する人をいう。

中政連の結成

鮎川義介は中小企業を支援・助成するためには政治力が必要であると考え、昭和二十八（一九五三）年五月の参議院選挙に立候補し、当選します。そして、鮎川は中小企業問題については超党派の政治的支援と協力が不可欠であるとして特定の政党に属さず、無所属を貫きます。中小企業の支援活動を通して、鮎川は中小企業分野には中小企業者自身の利己主義と過当競争の弊害が蔓延し、それが中小企業の成長発展の阻害要因とな

日本中小企業政治連盟結成大会（昭和31年４月）（『鮎川義介先生追想録』）

っていることを知ります。鮎川はこれを「中小企業の風土病」と名付け、この「風土病」を治癒させる処方箋として中小企業者を糾合する政党を組織して、彼らの同志的結束を図るとともに、中小企業関係者の投票権を行使することで、彼らの意思と要求を政府の経済政策に反映させ、国会で立法化することを提案します。そして、そうした政治的圧力手段を通して、中小企業自体の経済的失地を回復し、中小企業者を中産階層に育て上げて、国家社会の安定勢力にしようと、鮎川は考えます。

鮎川はこの政治構想を実現するために、昭和三十一年四月、日産館を三井物産の子会社物産不動産に売却して得た五億円を投じて日本中小企業政治連盟（中政連）を結成し、総裁に就任します。発足当初の中政連は選挙に際して独自候補者を立てず共産党を除く各党の中小企業振興に熱心に取り組む候補者を推薦し、応援するスタイルをとります。中政連の推薦候補者の多くは当選を果たし、昭和三十二年には中政連結成の最大目標であった中小企業団体法*を成立させます。

　昭和三十四年の参議院選挙にあたって、中政連は確認団体となり、独自立候補者一〇名を立てました。しかし、準備不足とそれまで友好関係にあった自民党、社会党と敵対したこともあって、当選者は全国区の鮎川義介と東京地方区の義介の次男鮎川金次郎の二名にとどまります。その上、金次郎選挙事務所から選挙違反事件が発生し、多数の連累者を出してしまいます。鮎川親子は道義的責任を痛感し、昭和三十四年十二月、参議院議員を連袂辞任しました。

　選挙違反事件後も、中政連は政治圧力団体としての活動を続けます。しかし、選挙違反事件の後遺症は大きく、中政連の活動は当初の勢いを失い、沈滞しました。中小企業者を国家社会の安定勢力にするという、鮎川の中政連活動に賭けた夢もまた見果てぬまま終わったのです。

中小企業団体法
正式名称は中小企業団体に関する法律。中小企業者相互間の過当競争の排除と団結ならびに中小企業業界の自主的調整を図ることを主目的として制定された。

「ハイキング・コース」の生涯

　鮎川義介は、昭和四十二（一九六七）年八月、八十六年の生涯を閉じました。鮎川は日本経済新聞に連載した「私の履歴書」の中で、ひとの一生の「長さ」は生命の時間外長さで計るだけでは十分ではなく、そのひとがいかに起伏、変化に富んだ「ハイキング・コース」を歩み、その間にいかに国家有為の「仕事」を行ったかによって決まると、述べています。

鮎川は青年時代に帝大工学士のエリートコースであった大企業技師への道を捨てて、職工生活からスタートし、自ら習得した技術によって可鍛鋳鉄事業の開拓者となりました。壮年時代には同族・血縁資本を中核とする財閥全盛時代の中で、株式市場から事業資金を調達して企業集団を形成・運営する構想を立て、大衆株主資本に依拠した日産コンツェルンを形成し、同時に自動車工業の開拓者となりました。そして、戦後の晩年時代には、経験のある大企業経営を中心とする日本経済再建の道を歩まず、未知の中小企業分野育成の道を選択して、そこでベンチャーキャピタリストの先駆者となり、中小企業者が社会の中産階層を担うことを夢みて、中政連運動に挺身しました。

鮎川は人生の各ステージで常識的なコースを捨てて、あえて起伏と変化に富んだ異端のコースを歩み、その行路の中で斬新なビジネスモデルを駆使して、新しい事業あるいは有為な仕事にチャレンジしました。そこには鮎川の既成の概念や権益に挑戦する反骨精神と、新しいものを創造する企業家精神が溢れていました。

鮎川は社会に出るにあたって、「金持ちにはならないこと」と、「他人のよくなしえない大きな仕事、あるいは社会に役立つ仕事とする」という、二つの誓いを立てていました。鮎川は生涯現役を貫いた人生の「ハイキング・コース」の中でそれを見事に実践したと言えます。

中政連活動に全私財を投じた鮎川家に残ったものは休眠中の中小企業助成会だけでした。中小企業助成会は昭和四十九年に「テクノベンチャー」として再生され、現在、義介の孫の純太によって経営されています。

野口 遵

電気化学工業を中核に日窒コンツェルンを形成

のぐち　したがう

明治六（一八七三）年に石川県に生まれる。日本窒素肥料で合成硫安、旭絹織で人造絹糸の国産化一番乗りを果たす。豊富低廉な電力を求めて朝鮮に進出し、日本と朝鮮にまたがる日窒コンツェルンを形成する。昭和十九（一九四四）年に七十二歳で没す。

第一章　事業遍歴の時代

一、多彩な人脈の形成

加賀藩士の長男として誕生

野口遵は、明治六（一八七三）年に石川県金沢に旧加賀藩士野口之布の長男として生まれました。母親も旧加賀藩士家の出で、遵の下に弟二人、妹一人がおりました。父之布が明治六年に文部省（のちに司法省）に出仕したため、遵も生後二〇日で母親に抱かれて上京し、野口一家は現在の東京大学赤門の隣にあった旧藩主・前田家屋敷内の長屋に移り住みました。

野口の名前「遵」は一般に「じゅん」と音読みされており、本人も「じゅん」と名乗っていましたが、訓読みの「したがう」が本当の呼び名でした。しかし、野口は子供のころから並はずれたいたずら者の餓鬼大将で、名前とは逆に人に「したがった」ことはなく、仲間をいつも「したがわせて」おりました。加賀藩士の家では跡取りの長男は

〝おあんさま〟と呼んで特別扱いしていました。そうした風習も生来わがままな野口をいっそう傍若無人にし、近所の子供を引き連れて前田家屋敷の屋根や塀の上を走り回ったり、火見櫓の上で火遊びをするなど、乱暴狼藉をくり返しました。そのため、野口は母親から厳しい仕置きを受け、ときには父親に刀をもって追い回されたこともありました。

野口はお茶の水の東京師範学校付属小学校から日比谷の東京府立中学校に入学します。しかし、並はずれたいたずらと喧嘩っぱやさは直らず、府立中学在学半年で神田駿河台にあった共立学舎に転校させられました。野口は共立学舎を卒業すると、あこがれの第一高等中学校（旧制一高の前身）に入学します。しかし、弊衣破帽の一高生の中でも野口の蛮カラぶりは群を抜いており、学校の寮から追い出され、校内随一の乱暴者の評判をとります。

野口は勉強家ではありませんでした。しかし、頭脳は明断で、とくに理数系の科目が得意でした。試験勉強はほとんどしませんでしたが、学業成績は比較的良く、学年を通して中以下になることはありませんでした。

最後の帝国大学生

野口遵は明治二十六（一八九三）年に帝国大学工科大学の電気工学科に入学し、同二十九年に最後の帝国大学工学士になります。「最後の」と言ったのは、翌明治三十年に京都帝国大学が開校され、帝国大学は東京帝国大学と改称したからです。

野口の帝大在学中に近代日本の命運を決する日清戦争が勃発しました。しかし、野口は戦局に一喜一憂することはなく、相変わらず大酒を飲み、仲間と放歌高吟する自由奔放な学生生活を満喫していました。野口は学生時代に多くの友人を得ます。中でも電気工学科同級生の市川誠次と森田一雄との出会いは重要でした。あとで詳しく見るように、市川は野口と終始行動を共にし、野口の女房役、パートナーとして、日本窒素肥料の創業と日窒コンツェルンの屋台骨を支えますし、森田は野口の朝鮮進出の先導役を務めることになります。野口の学生時代について、後年、市川はつぎのように語っています。

「野口君は学生時代から図抜けて頭のいい男だった。同じ大学で電気工学を専攻したが、野口君はあまり勉強しないし、試験が近づいても復習もせず遊んでばかりいた。反対に自分は大分勉強した方だが、それでも成績は野口君におよばなかった」（吉岡喜一『野口遵』）。

事業遍歴

野口遵は、日清戦争に勝利した翌明治二十九（一八九六）年に帝国大学工科大学を卒

ジーメンス・シュッケルト
一八四七年にドイツに設立された世界有数の総合電気機械メーカー。

事業ドメイン
企業が活動する事業領域。

業します。産業勃興期であり、同級生の多くは官庁や大企業の技師として勤務しました。

しかし、野口はそうした常識的なコースには見向きもせず、福島県の一地方会社である郡山電燈に入社し、沼上発電所の建設に従事します。ただし、同社に在職したのは二年ほどでその後、明治三十九年一月、曽木電気を設立するまでの間、野口はドイツのジーメンス・シュッケルト*日本出張所に勤務して電気器具の売込み・据付け工事に従事したり、長野県の安曇電気の電源開発や江之島電鉄、駿豆電気鉄道の設立計画に携わったり、あるいは宮城県の川内銅山の経営に参加するなど、手当り次第に職をかえ、夜は紅灯の巷を飲み歩くという自由気儘な生活を続けていました。

野口　遵（明治40年頃）（『日本窒素肥料事業大観』）

　こうした大学卒業後一〇年間の事業遍歴と奔放な生活は、野口にとって決してむだではありませんでした。この間に野口は起業活動に必要な広範囲な人的ネットワークをつくり、進むべき事業ドメイン*を見定めたからです。この一〇年間は、野口の企業家活動のまさに助走期間でした。

　日清戦争後、火力発電に加えて水力発電事業も発展

野口遵の事業活動の出発点となった曽木発電所（『日本窒素肥料事業大観』）

し始め、野口も電気技師として各地の発電所建設に従事します。しかし、発電所の建設には多額の資金が必要であり、電力料金は他の照明用燃料の動力源と比較して割高でした。その上、河川の季節的水量の変動や昼夜間の電力消費量の差から生じる余剰電力の処理も大きな問題でした。野口は、電気を単に照明用あるいは動力源として使用するだけではなく、電気を原料とする化学工業を開拓すれば、そうした問題はおのずと解決できるという考えをもっておりました。

明治三十五年、野口は自らの考えを実践する機会を得ます。野口の紹介で宮城紡績電燈に主任技師として勤務していた工科大学電気工学科の二年後輩の藤山常一が、仙台市郊外にある同社三居沢発電所の副業として、余剰電力を利用するカーバイド*製造計画を立て、野口に技術指導を求めてきたからです。この計画に賛同した野口は、当時、北海道炭礦汽船に勤務していた電気工学科同級生の市川誠次を誘って、野口、市川、

カーバイド
炭素と金属元素の化合物、とくに炭化カルシウムのこと。

そして、宮城紡績電燈常務伊藤清次郎の三者による資本金三〇〇〇円の三居沢カーバイド製造所を設立し、明治三十五年七月にカーバイドの製造に成功します。

二、電気化学工業に着目

曽木電気の設立

野口遵は、明治三十八（一九〇五）年暮、日野辰治、氷里勇八らの〝飲み友達〟から彼らの経営する鹿児島県下の牛尾、大口、新牛尾の三鉱山に電力を供給する発電所建設の依頼を受けます。そして、明治三十九年一月、資本金二〇万円の曽木電気株式会社が設立されると、野口は資本金の半額を友人の下谷銀行支配人千沢平三郎から借りて出資し、同社の社長に就任します。翌明治四十年十月、矢楯川・曽木滝の水力を利用した八〇〇キロワットの出力をもつ発電所が完成しました。しかし、右の三鉱山と近隣町村の電燈需要だけでは、発生電力の半分しか消費することができませんでした。

そこで、野口はこの余剰電力の消費策として、すでに三居沢で成功を見ているカーバイド製造を計画します。野口の本心ははじめからカーバイド製造事業にあり、そのためわざわざ鹿児島までやって来て、発電所の出力を大幅に高めて設計したと考える方が妥

水俣カーバイド工場（明治42年）。この工場が日本窒素の発祥地。
（『日本窒素肥料事業大観』）

当かもしれません。その詮索はさておき、野口はただちに三居沢時代の仲間である市川誠次、藤山常一、郡山電燈時代の同僚の土木技師島田鹿三、ジーメンス日本出張所時代の友人井上熊五郎、さらに千沢平三郎を勧誘して、資本金二〇万円の日本カーバイド商会を設立し、工場を熊本県水俣に建設します。そして、日本カーバイド商会は曽木電気との間に無料で電力の供給を受ける代わりに、利益の半額を曽木電気に提供する契約を結びます。

フランク=カロー法の導入

野口遵の起業活動は時宜を得ていました。曽木電気創業の前年、二〇世紀の化学工業史上の特筆すべき発明とされる石炭窒素製造法が、ドイツのアドルフ・フランクとニコデム・カローの二人の化学者によって完成され、その事業化にも成功していたからです。カー

明治41年渡欧時に船客と記念撮影。左端が野口、後列中央が藤山常一
（『日本窒素肥料事業大観』）

バイドに空気中の窒素を化合させて石炭窒素を製造する、フランク＝カロー法の存在を新聞で知った野口は化学肥料工業進出を成功させるためには同法の特許実施権獲得が絶対に必要であると考え、明治四十一年四月、藤山とともにベルリンに向って出発します。

フランク＝カロー法には三井、古河の両財閥も注目しており、それぞれ益田孝、原敬らの大物を派遣し、同法の獲得交渉を行っていました。しかし、ここでも、野口は強運をもっていました。フランク＝カロー法の開発はジーメンス社の資金援助で行われ、同法の特許権所有者、ジュネラーレ・ベル・ラ・シャナミッド社がジーメンスの子会社であったからです。その上、好都合なことに、野口がかつて勤務した当時のジーメンス・シュッケルト日本出張所長のヘルマン・ケスラーがドイツ本社の要職に栄転しており、彼が側面から野口らの特許権獲得交渉を支援してくれました。

その結果、三十五歳の野口は三井、古河両財閥との特許実施権獲得競争に勝利し、フランク＝カロー法の実施権を入手することに成功します。

第二章　産業開拓活動

一、日本窒素肥料の経営

日本窒素肥料の発足と三菱の支援

シャナミッド社と野口遵が取り交した契約書には、明治四十二（一九〇九）年中に特許実施工場を建設することと、建設にあたっては三井財閥の資金を優先的に使用するという付帯条件がついていました。シャナミッド社側は野口らの実力を危ぶんでいたのです。帰国後、野口はただちに三井財閥との交渉を開始します。三井側は、フランク＝カロー法の実施会社株式の半数提供と役員人事の一任を要求してきました。資金力の乏しい野口は株式の半数提供には同意しますが、役員人事権の譲渡については拒絶します。そのため、三井との交渉は決裂してしまいます。

しかし、野口らだけでは特許実施会社の設立資金を調達することはできませんでした。そこで、野口は遠縁にあたる日本郵船取締役の堀達に事情を話し、支援を求めます。堀

表1　創業直後の日本窒素肥料の重役陣と10大株主

(a) 重役陣（明治45年）

役　職	氏　名	備　考
取締役会長	中橋徳五郎	大阪商船社長
専務取締役	野口　遵	
常務取締役	藤山常一	
常務取締役	市川誠次	
取締役	白石直治	猪苗代湖水力電気専務
取締役	渡辺義郎	愛知銀行頭取
取締役	豊川良平	三菱合資管事
監査役	各務幸一郎	元日本郵船会計課長
相談役	近藤廉平	日本郵船社長

(b) 10大株主（明治43年上期末）

株　主	持株数(持株比率)	備　考
野口　遵	5,310　(26.6%)	
藤山常一	1,710　(8.6)	
ヴィクトル・ヘルマン	1,439　(7.2)	ジーメンス日本出張所長
小杉恒右衛門	1,010　(5.1)	鹿児島県の実業家・日本窒素肥料創立時の監査役
田中喜代	980　(4.9)	不明
市川誠次	942　(4.7)	
近藤廉平	750　(3.8)	
近藤滋弥	750　(3.8)	近藤廉平の長男
中橋徳五郎	661　(3.3)	
米井源治郎	600　(3.0)	明治屋社長
10大株主計	14,152　(71.0)	
株主数129名	20,000　(100.0)	

（宇田川勝『新興財閥』）

豊川良平
嘉永五（一八五二）年に土佐藩に生まれる。三菱財閥創始者の岩崎弥太郎の従兄弟で、本名は小野春弥。明治三（一八七〇）年に豊臣・徳川・張良・陳平の一字ずつをとって豊川良平と名乗る。弥太郎・弥之助兄弟を助けて三菱財閥の創業・発展に努める。大正九（一九二〇）年没。

は郵船社長近藤廉平に野口の希望を伝え、近藤が三菱合資会社銀行部長の豊川良平*を紹介してくれました。親分肌の豊川と野口は馬が合いました。豊川は化学肥料を中心とする電気化学工業の将来性と野口の経営手腕を認め、三菱財閥関係者の出資と三菱合資銀行部の融資を約束し、さらに野口と同郷の大阪商船社長中橋徳五郎を引き合わせてくれました。中橋もまた野口の起業支援を約束します。

こうして、三菱財閥、大阪商船関係者の支援を取り付けると、野口は明治四十一年八月、曽木電気の資本金を一気に一〇〇万円に増資した上で、日本カーバイド商会に合併させ、社名を日本窒素肥料と改称します。

野口の陣頭指揮で創業期の困難を打破

日本窒素肥料の発足後、野口は産業開拓者として、技術、販路開拓、資金調達面で多くの困難に直面します。フランク＝カロー法の実施工場である水俣工場は明治四十二年（一九〇九年）十一月に完成しました。工場長は藤山常一でした。しかし、工場は順調に稼動せず、そのため水俣工場と並行して大阪府下の稗島村に建設した変成硫安製造工場も操業が困難になり、明治四十四年に稗島工場は閉鎖されてしまいます。この間、野口は外国人技師を雇うことを提案しますが、自負心の強い藤山は同意せず、しかもフランク＝カロー法の「断続製法」をそのまま使用せず、それを「連続製法」に改良して実施しました。しかし、この技術改良は成功せず、やがて三菱系役員から責任追及の声が上がり、結局、藤山は水俣工場長を解任され、日本窒素肥料を退社してしまいます。その後、藤山は三井財閥関係者の支援を得て大正四（一九一五）年に電気化学工業会社（現デンカ）を設立し、日本窒素肥料に競争を挑むことになります。

藤山の退社後、野口は陣頭指揮して水俣工場の操業を軌道にのせると、販路の拡大を図るため、熊本県八代郡鏡村に変成硫安専門工場の建設を計画します。石炭窒素のままでは販路が開けなかったからです。しかし、日本窒素肥料には鏡工場を自力で建設する資金的余裕はありませんでした。そこで、野口は、当時、九州海岸線に沿って電気鉄道の建設を計画していた鉄道院に水俣工場と曽木発電所を一五七万円で一括売却し、その上で電気鉄道工事が開始されるまでの期間、年五分五厘の利息を支払って同工場・発電所を借り受けるという、苦肉の資金調達策を講じなければなりませんでした。

経営自立を達成

日本窒素肥料の命運をかけた鏡工場は、大正三（一九一四）年五月に完成し、カーバイド・石炭窒素*・変成硫安*の一貫生産体制を確立しました。鏡工場の完成は実に時宜を

石灰窒素
炭化カルシウムと窒素ガスを電気炉中で反応させた灰白色の粉末。一般に化学肥料として使用されるが、火薬の原料ともなる。

硫安
硫酸アンモニアの略。硫酸にアンモニアを吸収させてつくる無色透明の結晶。変成硫安は石灰窒素を過熱水蒸気で分解して製造される。

表2　日本窒素肥料の営業成績

期別	公称資本金 千円	平均払込資本金 千円	利益金 千円	対払込資本金利益率 %	配当率 %
明治					
41年下期	1,000	640	25	7.8	10
42　上	〃	819	42	10.2	10
下	〃	1,000	53	10.4	10
43　上	〃	1,000	74	14.9	10
下	2,000	1,250	68	10.9	10
44　上	〃	1,500	67	8.9	10
下	〃	1,750	79	9.0	8
大正					
1年上	4,000	2,000	123	12.3	10
下	〃	2,000	163	16.4	10
2　上	〃	2,500	197	15.7	10
下	〃	2,500	186	14.9	10
3　上	〃	3,000	94	6.3	8
下	〃	3,200	370	23.1	10
4　上	〃	3,400	704	41.4	12
下	〃	3,800	905	47.6	15
5　上	〃	4,000	1,097	54.9	15
下	10,000	5,500	1,354	49.2	20
6　上	〃	6,400	1,430	44.7	25
下	〃	7,000	1,950	55.7	25
7　上	〃	7,600	2,345	61.7	30
下	〃	7,600	2,684	70.6	30
8　上	〃	7,600	2,958	77.8	30
下	〃	7,600	3,031	79.8	30
9　上	〃	10,000	5,516	132.5	10
下	22,000	13,000	1,519	23.4	20
10　上	〃	13,000	1,204	18.5	15
下	〃	13,000	1,187	18.3	15
11　上	〃	13,000	1,197	18.4	15
下	〃	13,000	1,569	24.1	15
12　上	〃	13,000	2,210	34.0	15
12年下期	22,000	13,000	1,546	23.8	15
13　上	〃	15,993	1,989	24.9	15
下	〃	16,000	2,963	37.0	15
14　上	〃	17,800	2,524	28.4	15
下	〃	18,975	2,658	28.0	15
15　上	〃	20,800	2,813	27.0	15
下	〃	21,975	2,620	23.9	15
昭和					
2年上	〃	22,000	2,456	22.3	15
下	45,000	27,750	2,618	18.9	15
3　上	〃	27,750	2,942	21.2	15
下	〃	27,750	2,952	21.3	15
4　上	〃	27,750	2,954	21.3	15
下	〃	27,750	2,956	21.3	15
5　上	〃	33,500	2,781	18.8	13
下	〃	39,248	3,178	17.9	13
6　上	〃	45,000	3,370	16.4	12
下	90,000	56,250	3,333	13.7	10
7　上	〃	56,250	3,103	11.0	8
下	〃	56,250	3,106	11.0	8
8　上	〃	56,250	3,106	11.0	8
下	〃	56,250	3,324	11.8	8
9　上	〃	56,250	3,327	11.8	8
下	〃	67,500	3,848	11.4	8
10　上	〃	67,500	3,849	11.4	8
下	〃	67,500	3,848	11.4	8
11　上	〃	67,500	4,650	13.6	10
下	〃	67,500	4,651	13.6	10
12　上	〃	90,000	5,271	11.7	10
下	200,000	117,500	6,920	11.8	10
13　上	200,000	117,500	7,433	12.7	10

（下谷政弘『日本化学工業史論』ほか）

得ていました。その直後に第一次世界大戦が勃発したからです。

硫安は明治中期に輸入されて以来、需要を拡大させていました。しかし、国産硫安は大正期に入っても、ガス会社等の副産物として生産されるだけで、需要の大半は輸入硫安に頼っていました。それが第一次大戦の勃発によって途絶したため、硫安の価格は大戦前のトン当たり一三〇〜一五〇円台から大正六年には二〇〇円台に上昇し、翌七年には四〇〇円台の高値を付けるまでに高騰します。

こうした市場機会出現の中で、野口は大正六年四月、鉄道院から水俣工場と曽木発電所を買い戻すと、大増産計画を立て、鏡工場の拡充、新水俣工場の建設、これらの工場に電力を供給する内大臣川、仙内川、緑川の三発電所の建設を敢行します。その結果、日本窒素肥料の硫安生産高は増加を続け、大正七年には国内硫安生産高の六五・〇%を占めます。そして、それらを高価格で販売し日本窒素肥料は一挙に経営基盤を確立しました。同社の社史は当時の状況をつぎのように記しています。

「当社の利益も非常なる額に達し、大正六年には二割五分の配当、七年、八年には三割配当を続けた上年々二〇〇万円以上の鎖却を為し、九年上期には実に十割七分と云ふ高配当をなした。又大正九年三月には一挙に一千二百万円の増資を行ひ資本金を二千二百万円とし従業員には功労株を分った上に特別賞与金を支出した。当社の古き職員諸氏が一斉に金時計に金鎖をぶらさげたのも此頃の話である」(『日本窒素肥料事業大観』)。

成金

将棋で、銀・桂・香・兵の駒が敵陣に入って「成る」と、金将と同じ働きをすることができる。その意味から転じて、経済ブームなどを利用して急に金持ちになること、あるいはその人をいう。

二、新技術の事業化

堅実経営とヨーロッパ視察旅行

第一次世界大戦ブームの出現は、各産業分野で多くの「成金」[*]企業家を輩出させました。しかし、そうした「成金」企業家の大半は大戦ブームに便乗して無計画な事業拡張に走ったり、また、奢侈な生活がたたって、大正九年恐慌を契機とする長期不況の中で、蓄積した利益をはきだしてしまい、事業の縮小や破綻を起こしてしまいます。

そうした状況の中で、野口遵は大戦ブームの後には必ず反動恐慌がくることを予想し、大戦期から戦争直後の莫大な利益を内部留保にまわす財務政策をとり、また、戦争の終結とともに日本窒素肥料株式会社以外の持株を全部手放しました。野口が予想した通り、戦後不況が始まると、日本窒素肥料は蓄積した利益を活用して、新たな事業戦略を展開します。

日本窒素肥料の新たな飛躍の機会は、野口のヨーロッパ視察旅行にありました。野口は若い技術者をともない、大正十（一九二一）年一月、フランク＝カロー法特許実施権の延長交渉を兼ねてヨーロッパの事業視察に出発します。

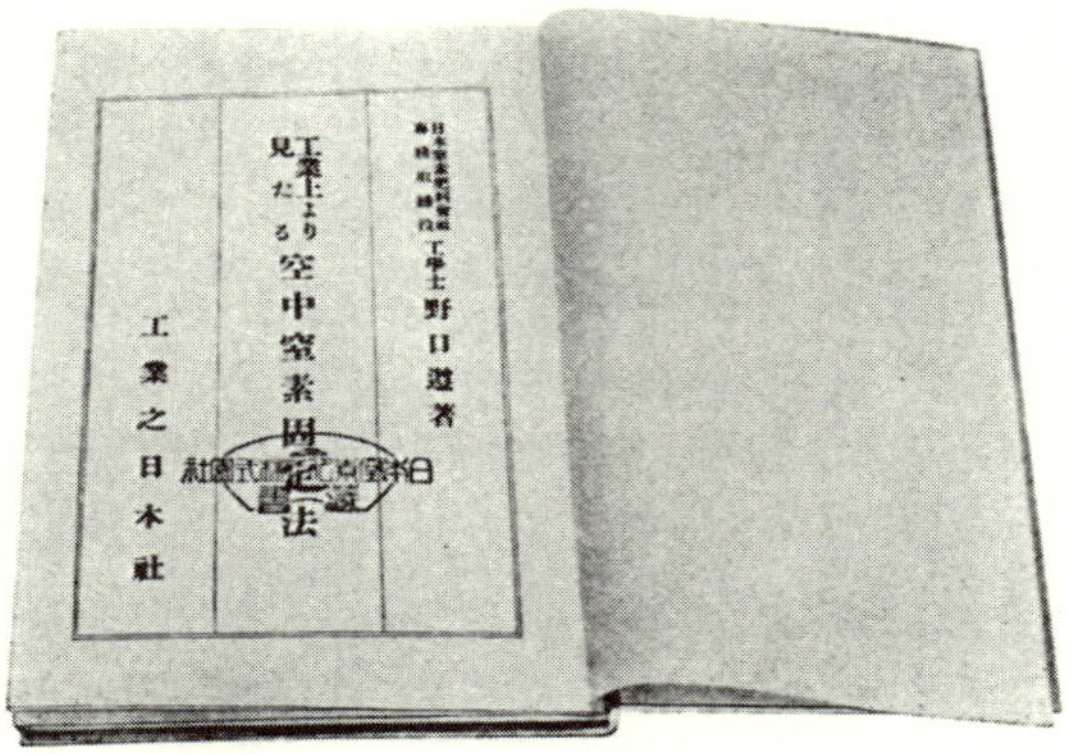

野口遵著『工業上より見たる空中窒素固定法』
（『日本窒素肥料事業大観』）

あれだけの大戦争のあとには、必ず新しい工業技術が生まれているると、野口は考えたからです。そして、実際、旅行中に野口は二つの新技術に出会います、その一つはアンモニア合成技術であり、もう一つは人絹製造技術でした。

合成アンモニア技術

旅行中に偶然立ち寄ったイタリアのローマで、野口遵はルイギ・カザレーという若い化学者が水中の水素と空気中の窒素を高圧装置の中で直接合成させてアンモニアを創出する方法に成功したという話を耳にし、早速、カザレーの研究室を訪問しました。しかし、その実験設備は日産四分の一トン程度のパイロット・プラントにすぎませんでした。当時、財閥化を目指していた鈴木商店と久原鉱業もカザレーの研究に注目し、技術者を派遣していました。しかし、両社の技術者はカザレー法の事業化に自信がもてず、しかも、特許実施権の譲渡価格が一〇〇〇万リラ（約一〇〇万円）という高値だったこともあって、同法

日本窒素肥料延岡工場にカザレーを招く（大正12年）
前列中央がカザレー、右隣が野口（『日本窒素肥料事業大観』）

の購入を躊躇していました。

しかし、すでに大正三年に刊行した著書『工業上より見たる空中窒素固定法』の中で、「石灰窒素法は、譬へば蒸気船の如くアンモニア合成法は航空船にも譬ふへきものなり」との見通しを述べていた野口は、カザレー法が画期的なアンモニア合成製法であることを見抜きます。そして、「値段は少し高いが勝れた発明である。もしこれを他人が買って実用化したら、わが社は非常な危機に立つ。日窒は一〇〇万円を惜しんでつぶれるかも知れない」（中村青志「野口遵」）という電報を日本窒素肥料本社に打電し、カザレー法の導入を決断します。そして、帰国後、すぐに野口は水力資産の豊富な宮崎県延岡に年産一万二五〇〇トンの生産能力をもつカザレー式アンモニア合成工場の建設に着手し、大正十二（一九二三）年九月、わが国で最初の合成アンモニアの生産に成功します。

野口の果断な意思決定は、日本窒素肥料に安定的な利益と発展の機会を提供します。第一次世界大戦後、外国製硫安の輸入が再開されると、硫安工業界は一転して厳しい市場状況に直面し、価格も崩壊しました。そうした中で大戦中に急成長を遂げた藤山常一の率いる電気化学工業は変成硫安の製造法に固執したため、外国製硫安との競争力を喪失し、経営に破綻を来たしてしまいます。これに対して、日本窒素肥料はカザレー法の導入後、すべての硫安生産工程を変成法から合成法に転換して外国製硫安に太刀打ちできる大幅なコスト・ダウンを実現し、硫安工業界における地位を確かなものにします。

人絹（レーヨン）工業への進出

野口遵はイタリアのスニア社を見学し、人絹工業が将来有望な事業になる認識を深めます。帰国後、野口は人絹工業進出を構想していた日本綿花社長の喜多双蔵と出会い、両者は共同してドイツのグランツシェトッフ社からビスコース人絹製造技術を導入して、人絹製造会社を設立する計画を立てます。しかし、日本窒素肥料の重役会は、「世界第一の生糸の産地である此日本に水に、濡れれば切れて仕舞ふ様な人造絹糸の事業を起こすことは無謀」（『日本窒素肥料事業大観』）であるとして、野口の計画に反対しました。そこで、野口は、大正十一（一九二二）年五月、日本綿花の子会社・東京人絹を改組して設立された資本金二〇〇〇万円の旭絹織株式会社に個人の資格で出資し、専務取締役に就任します。

旭絹織のビスコース人絹は予想に反して品質がよく、販路も順調に拡大しました。これに気をよくした野口は人絹工業を日本窒素肥料の直営事業に組み入れることを企図します。そして、昭和四（一九二九）年四月、ドイツのJ・P・ベンベルグ社からベンベルグ絹糸の特許実施権を購入して資本一〇〇〇万円の日本ベンベルグ絹糸株式会社を設立し、同時に喜多双蔵と交渉して旭絹織株式の大半を日本窒素肥料が肩代わりします。

さらに昭和六年六月、後述する朝鮮窒素肥料の合成硫安生産開始によって、原料薬品の供給工場となっていた日本窒素肥料延岡工場を分離独立して、資本金一〇〇〇万円の延岡アンモニア絹糸株式会社を設立し、昭和八年五月には右の三レーヨン製造会社を合同して資本金四六〇〇万円の旭ベンベルグ絹糸株式会社（現在の旭化成の前身）を誕生させました。

第三章　日窒コンツェルンの形成

一、朝鮮への進出

北朝鮮での電源開発

野口遵の事業活動の特徴は、電力自給のための発電所建設→その発生電力を利用する工場建設・拡張→電力の不足→発電所建設→…という具合に、発電所と工場の建設が「シーソー・ゲーム」的展開を見たことにありました。そうした事業展開の中で、当時の二大新興成長工業である合成硫安事業と人絹事業の産業開拓に先鞭をつけた野口が、日本窒素肥料のさらなる発展を求めてとった戦略は朝鮮への進出でした。そして、その進出は野口の産業開拓者からコンツェルン形成者への移行を意味しました。

第一次世界大戦後、硫安工業界は国産硫安と外国製硫安の間で激しい競争が展開されていました。しかし、硫安市場自体は拡大を続けており、新規メーカーの参入が相次いでいました。そこで、野口は日本窒素肥料の業界トップの座を堅持するため、新工場の

森田一雄(右)
久保田豊(左)

建設を計画し、新たな電源開発地をさがします。しかし、国内の水力発電の有望地域は大手電力会社によってすでに所有されており、日本窒素肥料が割り込む余地はありませんでした。

そうした折、野口のもとに二人の男が耳寄りの話を持ち込みます。二人とは野口の帝大工科大学同級生の森田一雄と友人の久保田豊（大正三年、東京帝大土木工学科卒業）でした。両者は大正十三年から朝鮮での電源開発を計画し、調査・研究に取り組んだ結果、朝鮮北部の鴨緑江流域に水力発電に有望な地点があることを発見しました。そして、彼らはとりあえず鴨緑江支流の赴戦江水系に一六万キロワットの電源開発を計画し、朝鮮総督府に水利権を申請します。総督府は、当時、朝鮮全体で数万キロワットの使用量しか見込めなかったため、電力消化の目途が立てば、水利権を認可する意向を示します。そこで、森田と久保田は電力多費産業である硫安工業に着目し、業界の第一人者で友人でもある野口に話を持ち込みます。

森田らの話は、安価豊富な電力資源をさがしていた野口にとって、「渡りに船」とも思われました。しかし、ソ連との国境に近い北朝鮮での未開地での開発事業でしたから、速断速行の野口も今度ばかりは慎重でした。しかし、野口の旺盛な企業家精神は、リスクの回避よりも、日本窒素肥料の拡大と飛躍の道を選択します。

朝鮮窒素肥料興南工場の全景（『日本窒素肥料事業大観』）

朝鮮窒素肥料興南工場

野口遵と森田一雄は共同で赴戦江開発の水利権の認可を受けると、大正十四（一九二五）年一月、資本金一〇〇〇万円の朝鮮水電株式会社を、翌十五年五月、その発生電力を利用する資本金二〇〇〇万円の朝鮮窒素肥料株式会社を、日本窒素肥料の全額出資で設立します。

赴戦江の電源開発は、冬期には零下四〇度を超す海抜一二〇〇メートルの地に大人造湖を造成して黄海に向って流れる水をせき止め、背梁山脈に隧道を貫いて、その水を一挙に反対側の日本海側に落すという、大工事でした。工事は難航を極めますが、昭和四年十一月に第一発電所の竣工をみ、以後、昭和七年八月までに第二、第三、第四の発電所を完成させ、合計二〇万円キロワットの発電を可能にします。そして同時に、電源開発工事と並行して興南の地に巨大肥料工場の建設を着工し、昭和六年までに年産硫安四〇万トン、硫燃安五万トンの生産能力をもつ世界的規模の興南工場を完成させました。

朝鮮窒素肥料興南工場は、昭和五年一月から硫安の生産を開始しました。当時、昭和恐慌で日本経済は不振を極め、しかも外国製硫安のダンピング*的輸出攻勢が最も強い時期でした。しかし、朝鮮窒素肥料は、日本内地の半分以下の安価な電力と新鋭設備、そして、安価な朝鮮人労働力の利用によって、外国製硫安に十分に対抗することができました。その結果、朝鮮窒素肥料は操業直後から巨額の利益を計上し、外国製硫安駆逐の先陣を切ります。

ダンピング輸出
国際競争で優位に立つために、国内販売価格よりも安い価格で製品を輸出すること。

二、三菱との訣別

長津江の水利権問題

朝鮮窒素肥料の前途は有望でした。しかし、興南工場の操業直後、予期せぬ事態に直面します。赴戦江の開発計画段階で河川水量を過大に見積ったため、実際には発電所の出力は設計の半分程度しか出ず、興南工場の拡張はおろか、通常の操業にも支障を来たす問題が生じたのです。

野口遵は新たな電源開発地として赴戦江と平行して流れる長津江に着目します。しかし、長津江の水利権は三菱合資会社が所有していました。三菱は、大正十二（一九二三）年に長津江と赴戦江の電源開発と電気化学工業会社創立の計画を立てて、両河川の水利権を朝鮮総督府に出願しました。ただ、先に述べたように、時を同じくして野口と森田が赴戦江の水利権を出願したため、総督府は三菱に対しては長津江の水利権のみを認可します。しかし、三菱は第一次世界大戦後の長期不況の中で長津江開発事業に着手することができませんでした。

昭和六（一九三一）年六月、宇垣一成*陸軍大将が朝鮮総督に就任しました。宇垣は朝鮮の工業化政策に力を入れ、三菱合資に対して長津江開発を強く督促します。しかし、三菱は同江開発に踏み切れず、昭和七年六月、水利権を総督府に返却しなければなりませんでした。

野口は、三菱合資が水利権を返却すると、ただちに総督府に長津江の水利権認可を申請します。総督府は野口の経営手腕と日本産業窒素肥料の赴戦江開発実績を高く評価していました。ただその一方で、日本窒素肥料の資金調達能力に懸念を表明します。

宇垣一成
明治元（一八六八）年に岡山に生まれる。陸軍大将のまま朝鮮総督になる。昭和十二（一九三七）年に組閣を命じられるが、陸軍の反対で不成立に終わる。戦後は参議院議員となった。昭和三十一年没。

赴戦江貯水池
（『日本窒素肥料事業大観』）

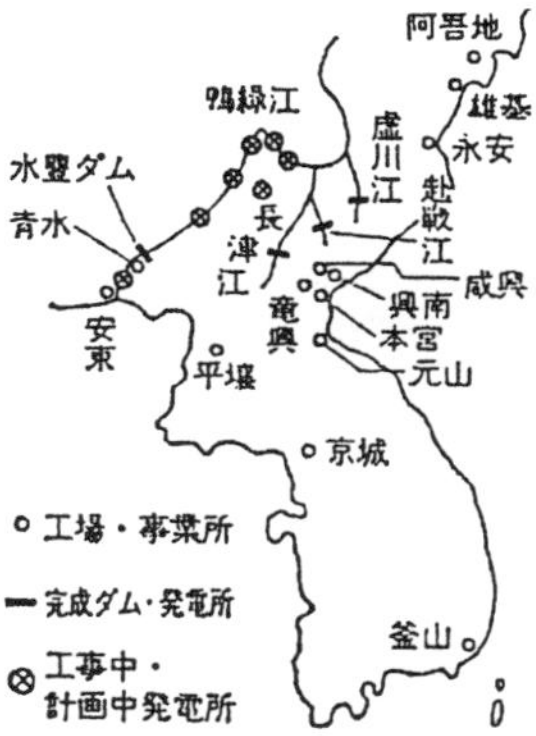

野口遵の朝鮮・満州での事業地図
(中村青志「野口遵」)

と言うのも、すでに述べたように、日本窒素肥料は発足以来三菱財閥との関係が深く、つねに資本金の一〇%前後は同財閥関係者から出資されていました。その上、赴戦江開発と興南工場建設資金調達のために発行した社債の大半は三菱銀行によって引き受けられていました。昭和八年当時、三菱銀行からの日本窒素肥料の借入金額は二五〇〇万円にも達していました。それゆえ、世間では日本窒素肥料は三菱系企業であると見なされていたのです。

当時、三菱銀行内部では野口の強気の拡大戦略に警戒感を強め、赴戦江第四発電所建設に際しては、建設中止を要請しました。しかし、野口はそれを無視して建設を強行し、三菱側の反発を買っていました。そうした状況の中で、今度は三菱の仕事を横取りした形の長津江開発です。その開発事業には三菱銀行の支援は期待できないばかりか、三菱財閥との関係悪化が予想されました。実際、長津江開発計画は、日本窒素肥料の三菱系役員全員が反対しました。

自主独立経営の実現

ここに至って、野口遵はこれまで通り三菱財閥の支援を受けるか、それとも三菱の反対を押し切って長津江開発を進めるかの、二者択一の選択を迫られます。熟慮の末、野

三菱財閥と訣別して建設した長津江第一発電所（『日本窒素肥料事業大観』）

口が出した決断は後者の長津江開発でした。野口は自分の事業欲を満たすのには、三菱財閥の金融枠ではもはや狭すぎると判断したのです。野口は三菱銀行に日本窒素肥料の短期借入金を一年以内に返済することを申し出るとともに、宇垣総督に対して自分の全資産を提供して当面の長津江開発資金に当てることを伝えます。

昭和八年十月、長津江の水利権は、発電量の二分の一を一般供給に振り向けることを条件に、日本窒素肥料に付与されます。同社はただちに資本金二〇〇〇万円の長津江水電株式会社を設立し、昭和十年十一月に第一発電所を完成させ、十三年までに四発電所全部を稼動させます。これによって、興南工場の電力不足は一気に解決し、同工場を中核とする電気化学コンビナートの建設が急ピッチで進行します。

三菱との訣別後、日本窒素肥料は資金的には日本興業銀行や朝鮮銀行等の国策金融機関との関係を強めていきます。そして同時に職制を変更して取締役会長制を廃止して、野口遵社長・市川誠次副社長体制を敷くとともに、榎並直三郎取締役兼支配人を専務取締役に昇格させ、さらに退任した三菱系役員に代えて創業以来の社員である荻生伝、金田栄太郎を常務取締役に就任させ、金融面のみならず、トップ・マネジメント面でも独立経営の体制を整備します。

三、日本・朝鮮にまたがるコンツェルンの形成

多角的事業展開

朝鮮窒素肥料の事業は電力部門と肥料部門にとどまってはいませんでした。次頁の図によって、昭和十二（一九三七）年前後までの同社興南工場を起点とする電気化学工業コンビナート*の形成過程を概観しておけば、まず興南工場は硫安生産が軌道に乗った昭和七年からアンモニア合成の際に発生する水素ガスと北鮮海域で大量にとれるイワシの魚油を結合させて油脂事業を開始します。油脂事業の当初の目的は後述する日本窒素肥料にニトログリセリンを供給し、あわせて石鹸用脂肪酸、プレストステアリン、蒸溜脂肪酸などを生産することにありました。しかし、その後朝鮮総督府の要請によって火薬

コンビナート
企業相互の生産性向上のために技術・原材料・工場設備を計画的・有機的に結合した工業地域あるいは企業集団をいう。

表3　トップマネジメントの変遷

1933年下期		1934年下期	
専務取締役	野口　遵	取締役社長	野口　遵
常務取締役	市川　誠次	取締役副社長	市川　誠次
取締役	渡辺　義郎	専務取締役	榎並直三郎
〃	桐島　像一	常務取締役	荻生　伝
〃	田原　豊	〃	金田栄太郎
取締役支配人	榎並直三郎	取締役	渡辺　義郎
監査役	各務幸一郎	〃	桐島　像一
〃	堀　啓次郎	監査役	各務幸一郎
		〃	堀　啓次郎

（大塩武『日窒コンツェルンの研究』）

興南コンビナートの製品多角化の推移（永安・阿吾地をふくむ）

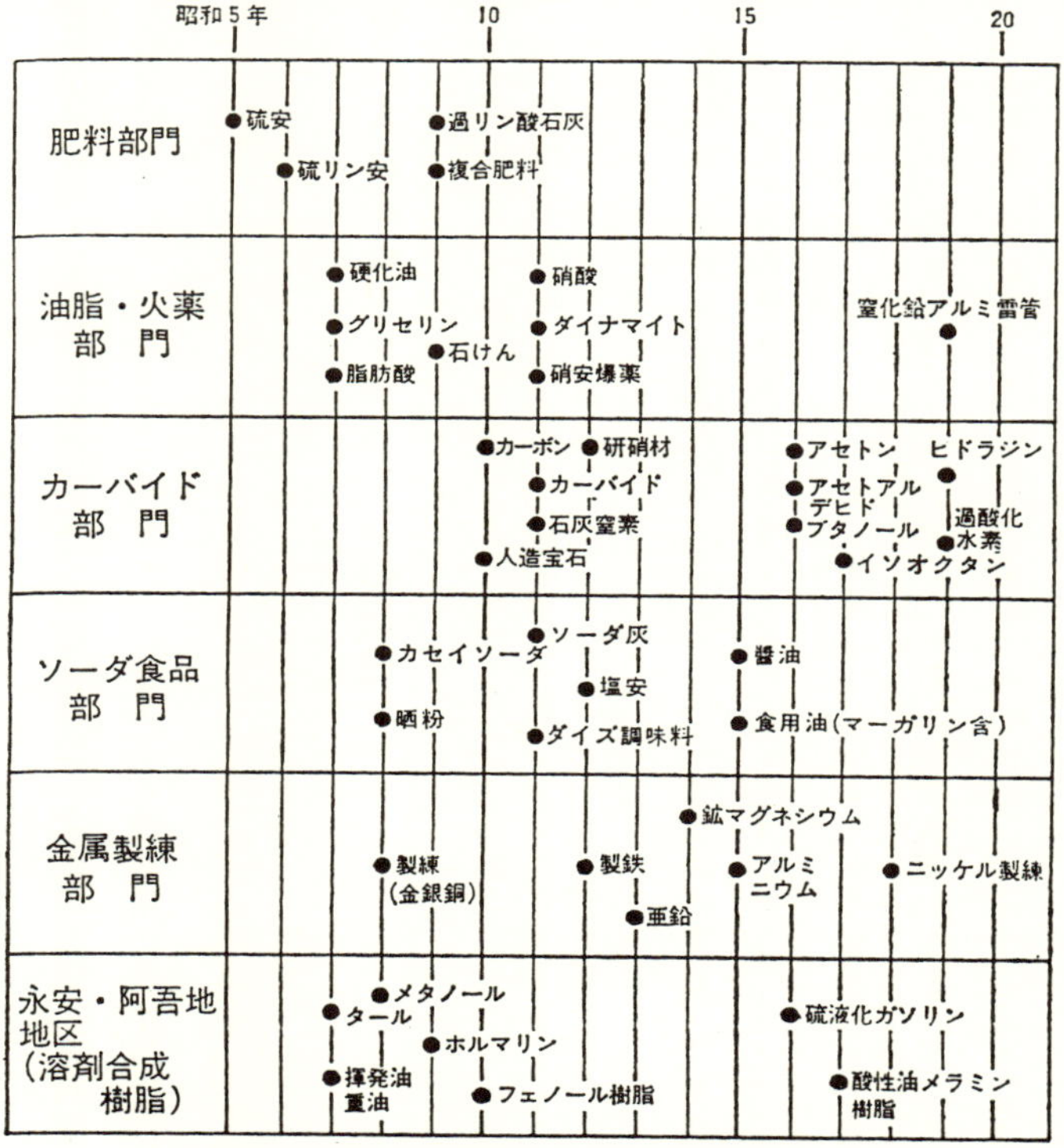

（渡辺徳二編『現代日本産業発達史13化学工業（上）』）

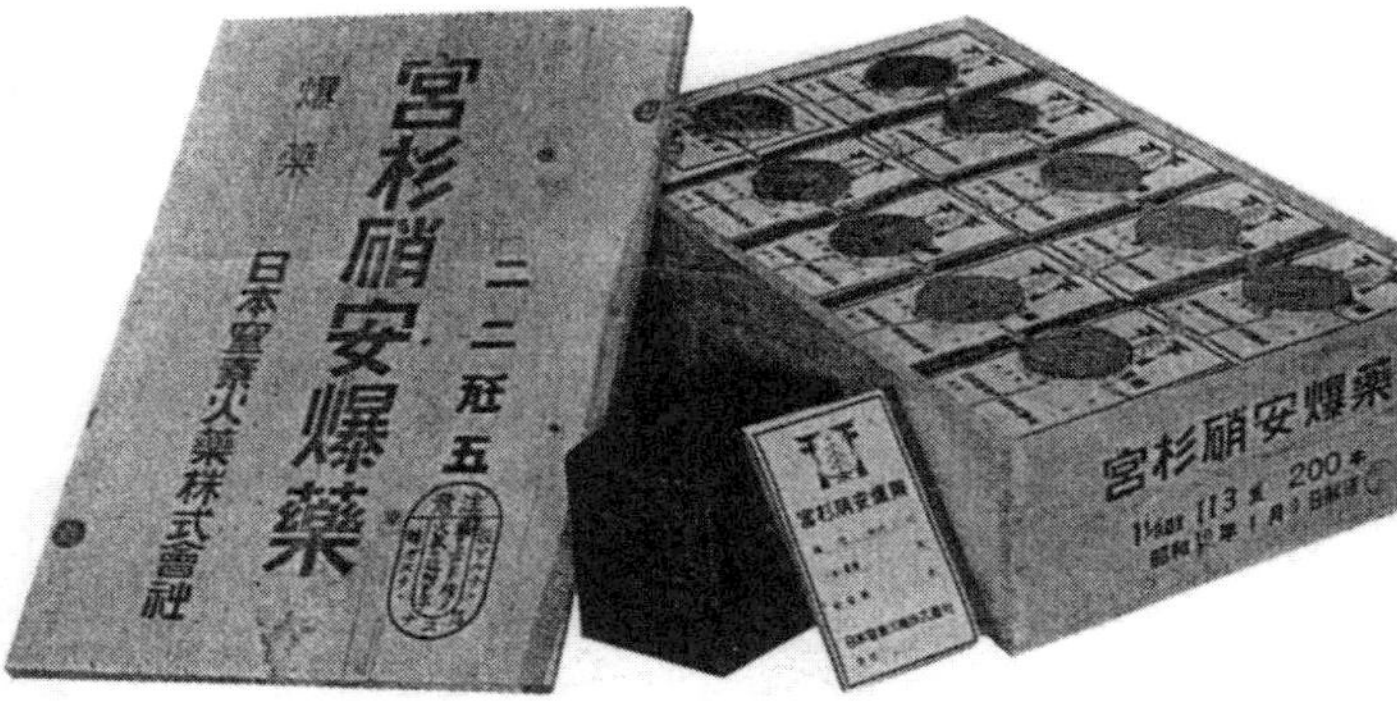

日本窒素火薬の宮杉硝安爆薬（『日本窒素肥料事業大観』）

事業にも力を入れ、硝酸、ダイナマイト、硫安爆薬等の量産を開始します。また、昭和七年から朝鮮窒素肥料は北朝鮮各地で経営していた鉱山事業と電解工程技術を利用して電力原単位の高い金属精錬事業に進出し、さらに永安で石炭低温乾溜事業、阿吾地で石炭液化事業に着手して、石炭化学工業に乗り出します、そして、昭和十一年には興南工場と山一つ隔てた本宮に本宮工場を建設し、日本内地で生産を中止した苛性ソーダ、カーバイド、塩安、アセチレン研削材、カーボン等の生産を開始します。

朝鮮窒素肥料のこうした事業展開は、電力部門を起点とする垂直統合戦略の推進であり、同時に生産工程、副産物の有機的利用に基づく製品多角化の実施でした。そして、これらの事業の多くは、業容が整うと新会社として分離独立していきました。

他方、日本窒素肥料は朝鮮での電気化学コンビナート的展開に相応して、コスト高に悩む肥料部門の生産を中止し、延岡工場で合成されるアンモニアをより付加価値の高い事業部門に集中する戦略をとります。その結果、昭和五年に延岡工場の合成硝酸と朝鮮窒素肥料興南工場のニトログリセリンを結合させて硝酸・火薬製品を生産する日本窒

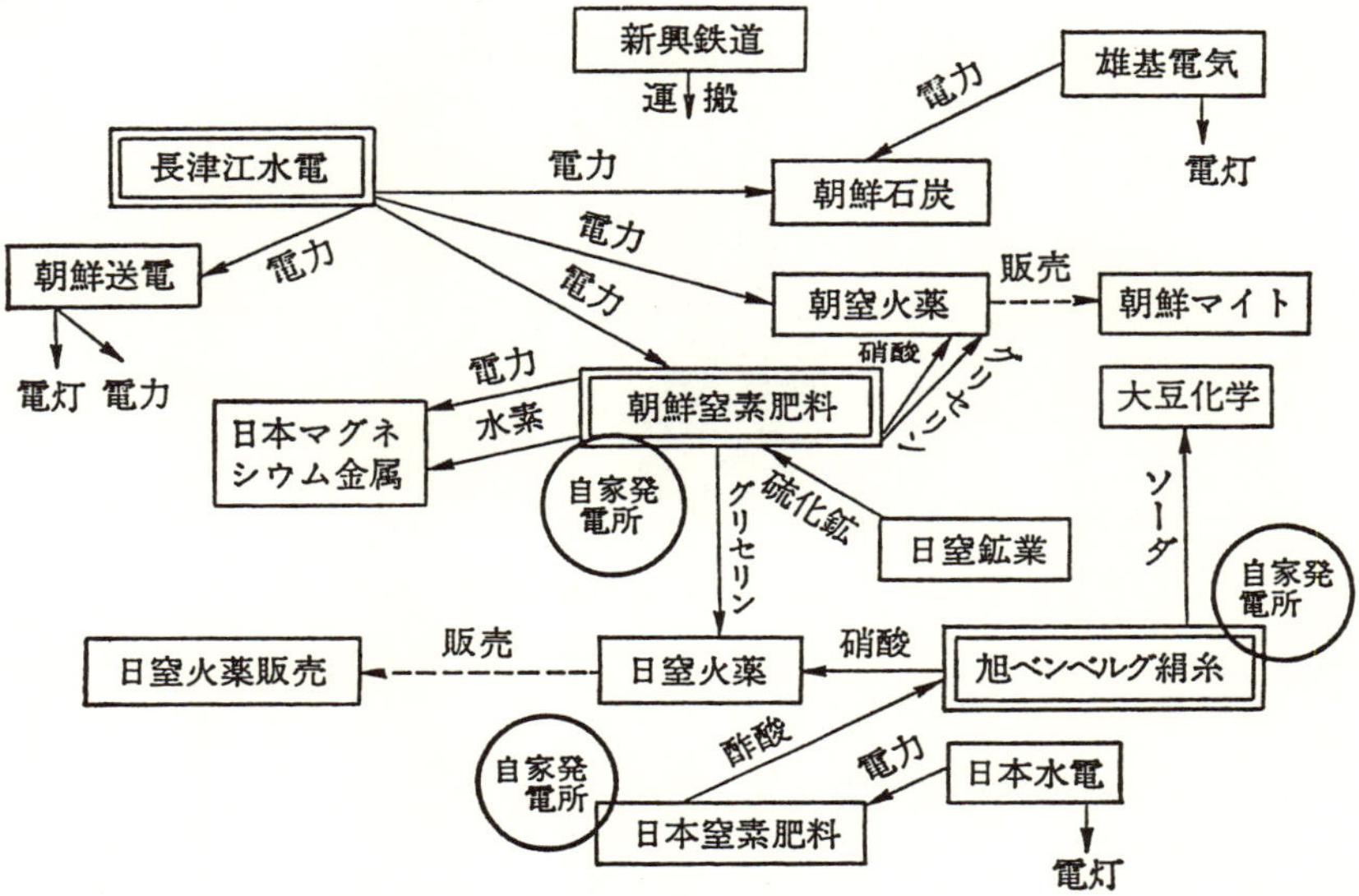

日窒コンツェルンの技術的連関図（昭和10年当時）
（下谷政弘著『日本化学工業史論』）

素火薬を設立し、さらに昭和八年には前述したように三人絹製造会社を合同して旭ベンベルグ絹糸を誕生させます。また、昭和十年には硫安、人絹両工業の原料確保のため全国各地に所有していた硫化鉱山を中心に日窒鉱業を設立します。

日窒コンツェルンの構造

朝鮮窒素肥料の興南工場と日本窒素肥料の延岡工場を起点とする電気化学コンビナート的展開の中で、日本窒素肥料は生産会社的側面を弱め、コンビナートを構成する企業群の統轄的持株会社の性格を強めていきます。そして、当時のジャーナリズムは日本窒素肥料を頂点とする企業集団を日窒コンツェルンと呼び、新興財閥の一つに数えました。

昭和十二（一九三七）年上期末時点で日窒コン

ツェルンはわが国第七位の企業集団であり、新興財閥では日産コンツェルンに次ぐ規模を有していました。

いま、日窒コンツェルンの企業集団的特徴を表4によって検討すれば、まず、第一に傘下企業二六社のうち一二社が朝鮮を基盤に事業を展開しており、それらの会社で傘下企業払込資本金合計額の六〇%強を占めていました。このように日窒コンツェルンの朝

表4　日窒コンツェルン傘下企業（昭和12年3月）

（単位：千円、%）

	系列化の契機	公称資本金	払込資本金	日窒持株比率	日窒株式投資比率
（持株会社） 日本窒素肥料		200,000	90,000		
（直系会社）					
＊朝鮮窒素肥料	○	70,000	62,500	100	38.3
＊長津江水電	○	70,000	45,000	100	27.6
旭ベンベルグ絹糸	△	46,000	37,000	75	16.9
＊朝鮮石炭工業	□	10,000	2,500	100	1.5
日窒証券	○	10,000	5,000	100	3.1
日窒鉱業	□	5,000	1,250	100	0.8
＊日本マグネシウム金属	○	4,200	4,200	70	1.8
日本窒素火薬	○	1,000	250	100	0.2
＊朝鮮窒素火薬	○	1,000	250	100	0.2
（準直系会社）					
＊端豊鉄道	○	5,000	500	100	0.3
＊新興鉄道	□	2,000	1,520	100	0.9
＊朝鮮ビルディング	○	2,000	500	100	0.3
＊朝鮮マイト	○	100	50	100	0.0
（傍系会社）					
日本水電	×	20,000	12,305	20	1.5
＊朝鮮送電	○	15,000	6,000	50	1.8
＊朝鮮石油	○	10,000	5,000	20	0.6
信越窒素肥料	○	5,000	5,000	40	1.2
東洋工業	×	5,000	2,750	10	0.2
東洋水銀鉱業	×	3,000	3,000	50	0.9
草津硫黄鉱業	×	1,500	1,500	50	0.5
富田商会	○	1,000	1,000	30	0.2
窒素肥料販売	×	1,000	1,000	50	0.3
＊雄基電気	×	1,000	625	70	0.3
日東火工品	×	500	500	100	0.3
日窒火薬販売	○	500	500	65	0.2
日窒宝石	○	500	500	65	0.2
合計		310,300	290,200		100.0

（注）1．＊印の企業は在鮮企業である。
2．「系列化の契機」における○印は設立、□印は分離独立、△印は合併、×印は株式取得を示す。
3．日本窒素肥料の持株比率のうちには同社役員の持株比率も含めた。その理由は同社役員の持株が名義的でその比率も小さなことによる。ただし東洋工業は野口の持株比率が日本窒素肥料のそれを大幅に上回るため例外とした。
（大塩武「日窒コンツェルンの成立と企業金融」『経済論集』（明治学院大学）第27号）

鮮進出は顕著でした。

第二に日窒コンツェルンにおいては直系会社が大きな比重を占めていました。とくに朝鮮窒素肥料、長津江水電、旭ベンベルグ絹糸に対する投資額は大きく、この三社で傘下企業払込資本金合計額の八二・八%を占めました。このことは、日窒が電力部門と化学工業部門＝肥料工業、人絹工業に基盤を置いたコンツェルンであることを端的に示しています。実際、昭和十一年末での日窒コンツェルン全体の固定資産額のうち、電力部門四三・七%、肥料工業二二・三%、人絹工業一六・九%と、この三事業部門で八二・九%を占めていました。そして、全事業収益のうち、肥料工業で四六・%、人絹工業で二七・%を稼ぎ出していました。要するに、日窒コンツェルンは巨大な自家電力部門をもち、電力を基本原料とする二大収益部門、すなわち肥料工業（朝鮮窒素肥料）を朝鮮に、人絹工業（旭ベンベルグ絹糸）を日本内地に、それぞれ配置していたのです。

第三の特徴は、直系・準直系一三社が一社を除いて、新規設立および日本窒素肥料から分離独立する形で誕生していることです。しかも合併で成立した旭ベンベルグ絹糸にしても、前述したように、その内実は新規設立および分離独立の二社が旭絹織と合併して誕生した会社でした。

このことは、直系・準直系会社が日本窒素肥料自体の垂直統合と製品多角化戦略を基軸とする事業行動から直接に派生・誕生したことを意味していました。それゆえ、統轄

表５　日窒コンツェルン上位10社の払込資本金増加状況（単位：千円、％）

昭和12年3月			
順位・会社名	払込資本金	本社持株比率	備考
①日本窒素肥料	90,000（31.0）	—	本社
②朝鮮窒素肥料	62,500（21.5）	100	直系
③長津江水電	45,000（15.5）	100	直系
④朝日ベンベルグ絹糸	37,000（12.7）	75	直系
⑤日本水電	12,305（4.2）	20	傍系
⑥朝鮮送電	6,000（2.1）	50	傍系
⑦日窒証券	5,000（1.7）	100	直系
⑦朝鮮石油	5,000（1.7）	20	傍系
⑦信越窒素肥料	5,000（1.7）	40	傍系
⑧日本マグネシウム金属	4,200（1.4）	70	直系
上位10社計	272,005（93.5）		
総計（27社）	290,200（100.0）		

昭和20年12月			
①日本窒素肥料	350,000（21.8）	—	本社
②朝鮮電業	341,730（21.3）	65	傍系
③吉林人造石油	180,000（11.2）	30	傍系
④朝鮮人造石油	90,000（5.6）	50	傍系
⑤日窒化学工業＊	45,000（2.8）	86	直系
⑥華北窒素肥料	40,000（2.5）	48	傍系
⑦舒蘭炭礦	30,000（1.9）	12	傍系
⑧日窒燃料工業	30,000（1.9）	100	直系
⑨朝鮮石油	27,000（1.7）	16	傍系
⑩日窒海南興業	25,000（1.6）	100	直系
上位10社計	1,158,730（72.3）		
総計（44社）	1,605,101（100.0）		

昭和12年3月〜20年12月の払込資本金増加額		
順位・会社名	増加額	主要事業展開地域
①朝鮮電業	290,730（22.1）	朝鮮
②日本窒素肥料	197,500（15.0）	日本、朝鮮
③吉林人造石油	180,000（13.7）	満州
④朝鮮人造石油	90,000（6.8）	朝鮮
⑤華北窒素肥料	40,000（3.0）	中国
⑥舒蘭炭礦	30,000（2.3）	中国
⑥日窒燃料工業	30,000（2.3）	朝鮮
⑧日窒海南工業	25,000（1.9）	海南島
⑨朝鮮石油	22,000（1.7）	朝鮮
⑩日窒化学工業	7,750（0.6）	
上位10社計	912,980（69.4）	
総　計	1,314,901（100.0）	

（注）＊旭ベンベルグ絹糸と日本窒素火薬が昭和18年4月に合併して誕生。
（宇田川勝『新興財閥』）

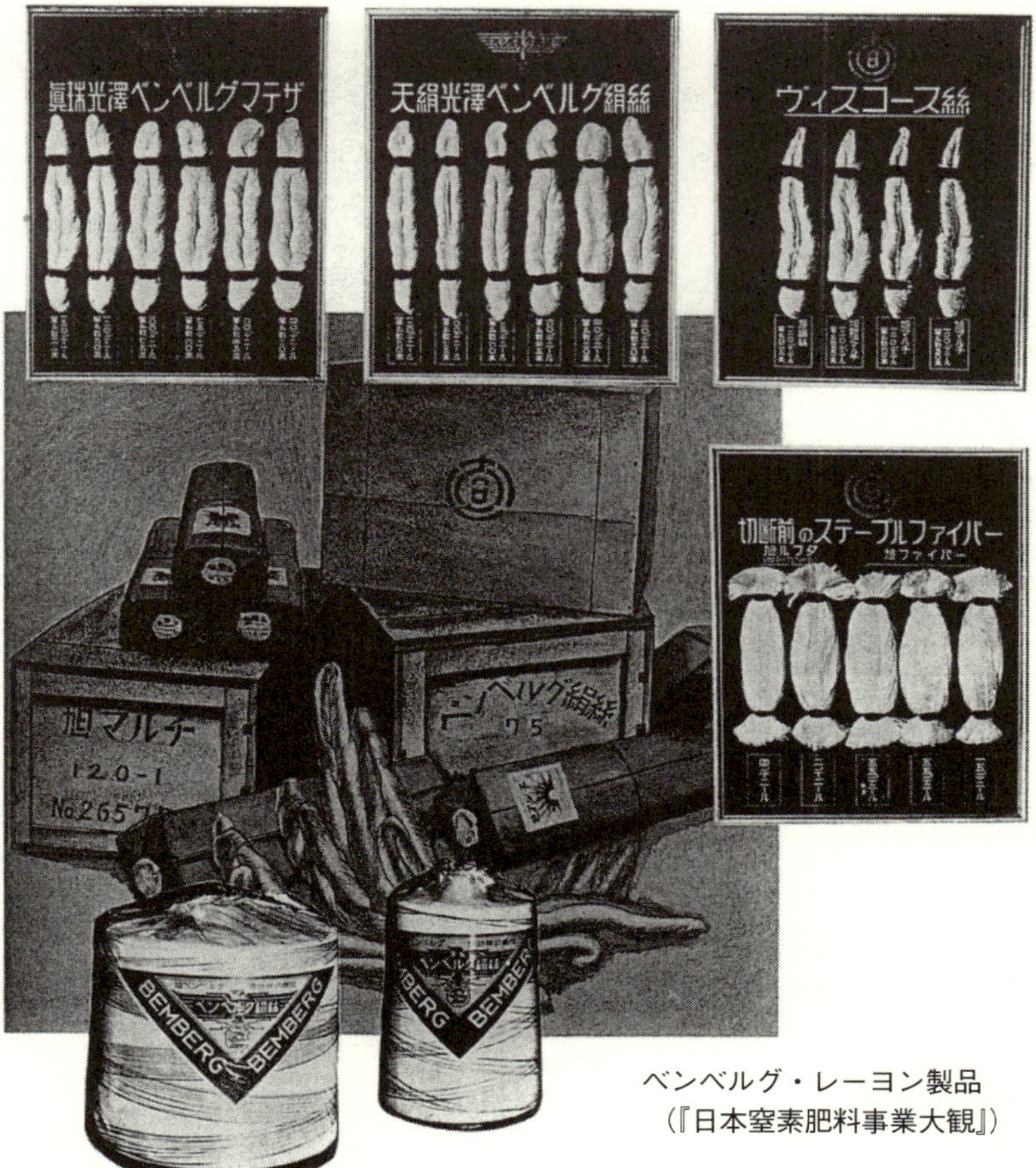

ベンベルグ・レーヨン製品
（『日本窒素肥料事業大観』）

旭絹織の広告（『旭絹織月報』昭和元年、２年）（『旭化成八十年史』）

的持株会社の日本窒素肥料と直系・準直系会社は「一心同体」的な関係にあり、後者の経営政策は日本窒素肥料の指示で決定されており、社員の社章・職員章も同一の「日の丸扇」を使用していました。

こうした親会社と傘下中核企業の「一心同体」的関係は野口遵のリーダーシップの貫徹を容易にし、企業集団としての日窒コンツェルンの行動を迅速かつまとまりのよいものにさせました。

第四の特徴は、直系・準直系企業の株式を日本窒素肥料がほぼ封鎖的に所有していたことです。野口は日本窒素肥料の企業行動が三菱財閥関係者の意向によって制約を受け、旭絹織で共同事業のむずかしさを経験したこともあって、傘下中核企業の株式公開によって部外者の意思が入ることを嫌っていました。

そして、こうした親会社による中核企業株式の封鎖的所有は、後で述べるように、コンツェルン内の金融操作を行う上で必要不可欠な条件でもありました。

コンツェルン金融の展開とコーポレート・ガバナンス体制

日窒コンツェルンの最大企業である朝鮮窒素肥料は創業直後から巨額の利益を計上します。朝鮮窒素肥料の高収益確保は事業経営の好調さもさることながら、同社が在鮮企業であることによって可能になりました。朝鮮総督府は朝鮮所得税法によって硫安・燐安等の製造業に対して開業後四ヵ年間所得税を免除し、その上特別償却を認めていました。そこで、朝鮮窒素肥料は所得税免除の特典が切れる昭和八年（一九三三年）以降無配政策をとり、課税対象にならない販売手数料、特許使用料の名目で配当金に相当する金額を親会社の日本窒素肥料に提供したほか、特別償却の特典をフルに活用して、毎期の利益の六〇％から九〇％を償却金、あるいは積立金として経営内部に蓄積しました。そして、この巨額の内部留保金をコンツェルン内で操作し、主として在鮮系企業の設立・拡張に利用しました。事実、日窒コンツェルンの朝鮮窒素肥料と並ぶ在鮮企業である長津江水電は蓄積した内部留保の無利子の資金で設立されました。

野口遵が長津江開発をめぐって三菱と対立したとき、前者との訣別を選択した背景には、「打出の小槌とも言うべき役割を果した」（大塩武『日窒コンツェルンの研究』）朝鮮窒素肥料の巨額収益金をコンツェルン内で操作することが可能であるという判断があったからです。

そして、こうしたコンツェルン内の金融操作は日本窒素肥料が直系・準直系会社に対して集権的なコポレート・ガバナンス体制をとっていたことによって可能になりました。日窒コンツェルンでは直系・準直系会社の購買業務、営業業務、財務政策、人事政策、技術管理の基本的職能はすべて日本窒素肥料本社の担当部門を通じて集権的に管理されていました。前述したように、日本窒素肥料と直系・準直系会社は実質的にはまさに一心同体的な関係にあったのです。

四、中国大陸・南方方面への事業展開

鴨緑江本流の電源開発

興南コンビナートの建設に成功し、「半島の事業王」の名をほしいままにした野口遵が、日窒コンツェルンのいっそうの拡大の舞台として選んだ地は中国大陸でした。そして、その進出のまさに「架け橋」が朝鮮と満州の国境を流れる鴨緑江本流の開発事業でした。

鴨緑江の電源開発には「満州国」政府と関東軍も注目していました。そこで、野口は

鴨緑江水豊発電所全景（『野口遵翁追懐録』）

宇垣一成総督の了解のもとに満州側に鴨緑江開発計画をもちかけ、この開発計画を「満州国」政府、朝鮮総督府、日窒コンツェルンの共同事業として実施することを提案します。そして開発会社として、昭和十二（一九三七）年九月、朝鮮鴨緑江水力発電（本社・京城）、満州鴨緑江水力発電（本社・新京）の二社が資本金も同額（各五〇〇〇万円）、株主、社員、資産負債も共有という特殊な形態で成立し、野口が両社の社長、理事長に就任しました。

鴨緑江開発計画は鴨緑江本流に七つのダムを建設し、二〇〇万キロワットの電力を発生させるという雄大なものでした。そして、第一期の開発地点として鴨緑江河口から約一二〇キロメートル上流の水豊が選ばれ、琵琶湖の半分の大きさの人造湖の建設に着手します。工事は若干遅れますが、昭和十六年から一部の送電を開始し、同十九年までに総出力七〇キロワットの水豊発電所が完成します。建設費は約一億五〇〇〇万円に達し、その半額を日窒コンツェルンが負担しました。機械設備は一部を除いて、東京芝浦電気、日本製鋼所、富士電機、住友電工等で製作された国産品を使用し、国産機械の技術開発に大きく貢献します。

そして、水豊発電所の建設と並行して、同地点の下流八キロメートルの朝鮮側に約四〇万坪の敷地をもつ青水、南山両工場が建設され、カーバイド、アセチレンブラック、合成ゴム等の大量生産を開始します。

このようにして、日窒コンツェルンの在鮮事業は飛躍的な拡大を続け、昭和十四年には全朝鮮工業生産額の三四%を支配し、さらに昭和十七年には日窒コンツェルン在鮮企業の資本金合計額は全朝鮮産業投下資本金額の二七%を占めます。

中国本土・東南アジアへの進出

鴨緑江開発事業を通じて、野口遵の経営手腕と日窒コンツェルン技術陣の力量を認識した軍部や植民地行政官僚は、植民地・占領地域の開発事業担当者として日窒を勧誘します。国策に協力する姿勢を打ち出していた野口もそれに積極的に応じ、その結果、日窒コンツェルンの事業網は戦争の拡大とともに、満州から中国本土、さらに東南アジア各地に拡大していきました。表6は昭和十六(一九四一)年下期時点での日窒コンツェルン傘下企業の地域別固定資産額をその構成比を見たものですが、日本内地への投下比率と同じ資産額を満州を含む中国地域に投下していました。

戦時中の中国・東南アジアでの事業展開のうち、最も大規模に実施されたのは満州・

表6　地域別に見た日窒コンツェルンの固定資産（昭和16年下期）

（単位：百万円、％）

地域	固定資産	同比率
日　本	170	17
朝　鮮	659	66
「満州」	138	14
中　国	29	3
計	996	100

（注）傘下48社の数字である。

（小林英夫「1930年代日本窒素肥料株式会社の朝鮮への進出について」山田秀雄編『植民地経済史への諸問題』）

吉林郊外の石炭液化事業と海南島開発事業でした。戦時経済体制の建設を急ぐ「満州国」政府と関東軍は、昭和十四年に、「満州産業開発五ヵ年計画」の一環として吉林郊外の舒蘭炭田（推定埋蔵量一億トン）を利用する大規模な石炭液化事業を計画し、日窒コンツェルンにその事業化を要請してきました。しかし、石炭液化については技術的に未開発の部分が少なくなく、当時、その事業化は困難視されていました。それゆえ、日本窒素肥料の重役会では、「満州国で石炭液化をやるのは国家的仕事で、一益利会社たる日本窒素のやるべきことではない」（『野口遵翁追懐録』）との反対意見が強く出されます。しかし、野口はそうした反対意見を押さえ、昭和十四年九月、「満州国」政府五〇〇〇万円、日本窒素肥料三〇〇〇万円、帝国燃料工業二〇〇〇万円の共同出資による資本金一億円の吉林人造石油株式会社を設立します。そして、日本窒素肥料は朝鮮石炭工業阿吾地工場の技術スタッフを総動員して、昭和十六年までに炭鉱、鉄道、輸送などの関連施設を含む吉林人造石油工場の第一期工事を完成させました。

昭和十四年二月、海南島を占領すると、海軍省は同島開発を計画し、その実施を日窒コンツェルンに依頼してきました。当初、海南島開発計画は電源開発を中心にスタートしますが、翌十五年に石碌鉄山が発見されると、同鉄山開発が先行します。そして、数次にわたる実地調査を経て、昭和十七年一〇月、日本窒素肥料は海軍の全面的支援のもとに資本金五〇〇〇万円の日窒海南島興業株式会社を設立し、日産一万トンの鉄鉱石の採掘を可能にする設備輸送・築港工事を翌十八年末までに完成させます。

事業版図拡大のジレンマ

日中戦争から太平洋戦争にかけて、日窒コンツェルンは事業版図を拡大し、膨張の一途をたどります。親会社日本窒素肥料を含めた、コンツェルン傘下企業とその払込資本金合計額は、昭和十二（一九三七）年三月の二七社、二億九〇二〇万円が、同十六年四月には六四社、八億九八九五万円へと拡大し、敗戦時の同二十年十二月には四四社、一六億〇五一〇万円の規模に達しました。

しかし、戦時下でのこうした事業展開は、日窒コンツェルン自体の変容を内包していました。日窒コンツェルンの特徴である電気化学工業を起点とする垂直統合と製品多角化の方向で事業展開がなされたのは、せいぜい吉林人造石油会社の設立あたりまでで、その後の拡大は必ずしも日窒の事業として系統的、かつ計画的に実施されたものではあ

スクラップ
再使用できる金属材料のくずや金属製品の廃物。

りませんでした。とくに軍部が要請してきた植民地・占領地域での事業計画の遂行は、多くの場合、半官半民の形態をとらざるをえず、それらの会社は日窒の冠を付けていても、もはや自主的な運営は許されず、たえず軍部や官僚が経営に介入してきました。しかも戦局の悪化によって工事は予定通り進捗せず、事業計画自体の変更・放棄もひんぱんに行われました。たとえば、日窒技術陣が総力をあげて取り組んだ舒蘭炭田の石炭液化事業も、試験的操業に進みながら、太平洋戦争の緒戦の勝利で南方の石油資源が手に入ると、量産体制に入ることなく放棄されました。また、海南島の石碌鉱山開発事業にしても、配船事情の悪化によって、わずか二万トン程度の鉄鉱石を日本内地に搬送したにすぎませんでした。

戦時体制の進展は、日本窒素肥料を持株会社とするコンツェルン経営自体のメリットも喪失させました。日窒は、前述したように、二大収益部門の人絹工業部門を日本内地に、肥料事業部門を朝鮮に配置していました。しかし、戦時統制が強化された昭和十三年以降、人絹工業部門の旭ベンベルグ絹糸の業績は急速に悪化していきます。そして、太平洋戦争下では同工業部門は平和産業に分類され、旭ベンベルグ絹糸大津工場は閉鎖され、人絹製造設備はスクラップ*として供出されてしまいます。もう一方の収益部門の肥料工業部門＝朝鮮窒素肥料についても、統制経済下での課税強化の中で、同社が行っていた無配当を前提とした日本窒素肥料への販売手数料の支払いは一種の脱税行為であると見なされ、大蔵省は過去に遡って課税する意向を示します。この遡及課税は大蔵省理財局への働きがけが奏功して免かれますが、その代償として、昭和十六年一月、日本窒素肥料は「打出の小槌」の役割を果たしてきた朝鮮窒素肥料を吸収合併しなければなりませんでした。

この結果、金融操作上のメリットを失った日窒コンツェルンは戦時体制下での国家機関との共同事業の拡大とも相まって、日本興業銀行、朝鮮銀行などの国策銀行への資金的依存を一段と強めていきました。

第四章　日窒コンツェルンの「遺産」

一、全財産の寄付と北朝鮮のT・V・A

子孫に美田を残さず

日窒コンツェルンの発展がピークにあった昭和十五（一九四〇）年一月、野口遵は事業視察先の朝鮮・京城で突然倒れました。病名は脳溢血でした。野口は若い時から大酒飲みで、不摂生な生活を続けていましたが、健康には自信をもっておりました。しかし、野口もすでに六十八歳になっており、頑強な彼の身体にも疲労が蓄積し、病魔が進行していたのです。周囲の懸命な看護で野口は一命をとりとめますが、言葉に後遺症が残りました。

病床で野口には自分が一代で築いた財産を有意義な形で処分することを考えます。昭和十五年十月、画家である弟駿尾が見舞うと、野口は自分の財産がいくらあるかを調べるよう頼みます。そして、翌十一月、野口は自分の財産を管理している日本窒素肥料常

皇紀二六〇〇年の祝賀
初代天皇である神武天皇即位から数えて二六〇〇年にあたる昭和十五（一九四〇）年に行われた祝賀行事。

全私財三千萬圓を
奬學に投げ出す
病床から 野口遵氏の赤誠
胸を打つ篤行 南總督の感激
社説 野口遵氏の快擧

全財産を寄付することを報じた新聞記事（『野口遵翁追懐録』）

務の金田栄太郎を病床に呼び寄せ、資産額が三〇〇〇万円であることを知ると、「財産を全部投げ出して公共のための化学工業の研究所を創りたい」と告げました。

野口は皇紀*二六〇〇年祝賀年の昭和十五年度中に自分の計画を実行するために、同年十二月十二日付で約三〇〇〇万円に評価される日窒コンツェルン関係会社の所有株式六〇数万株を、全部寄付することにしました。金田栄太郎がそのための趣意書を書いて野口に差し出すと、野口は不自由な右手で署名し、その直後に力尽きたかのように筆を書いたばかりの〝野口遵〟の野の字の上にポトリと落としました。

〝子孫のために美田を残さない〟という、野口の行為は各新聞紙上で紹介され、各界から称賛を受けます。南次郎朝鮮総督も野口の行為を高く評価し、寄付財産の一部を朝鮮人子弟の奨学金に提供してもらいたいと申し入れてきました。

野口研究所

野口遵が私財を投げうって昭和十六（一九四一）年に設立。現在、糖鎖バイオロジーに関する研究と地球環境・資源・エネルギーに関する触媒化学の研究に取り組んでいる。昭和二十一年に東京都板橋区に移転した。野口遵史料室が一般に公開されている。

現在も活動している財団法人野口研究所
（東京都板橋区）

研究所内にある史料室

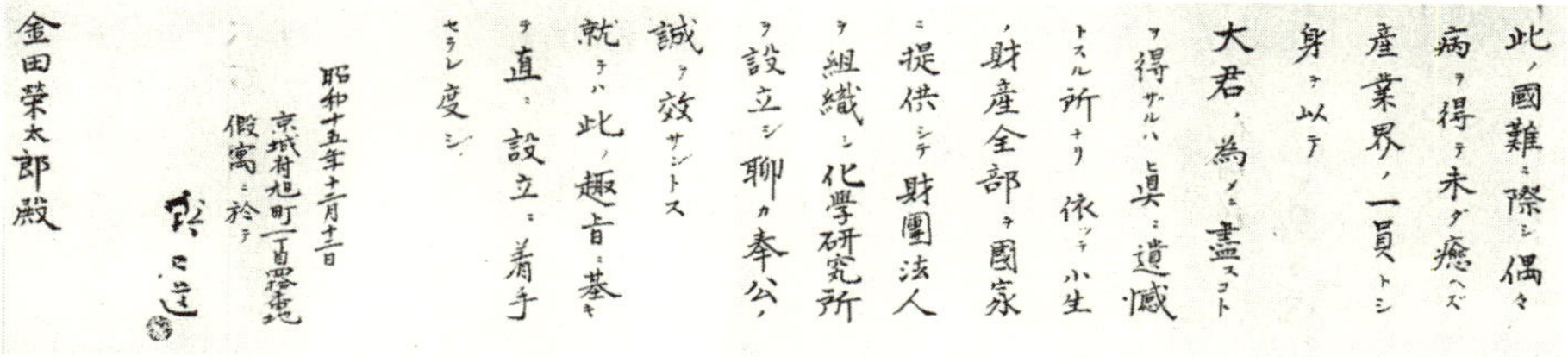

此ノ國難ニ際シ偶々
病ヲ得テ未ダ癒ヘズ
産業界ノ一員トシ
身ヲ以テ
大君ノ為メニ盡スコト
ヲ得ザルハ眞ニ遺憾
トスル所ナリ 依ッテ小生
ノ財産全部ヲ國家
ニ提供シテ財團法人
ヲ組織シ化學研究所
ヲ設立シ聊カ奉公ノ
誠ヲ效サントス
就テハ此ノ趣旨ニ基キ
テ直ニ設立ニ着手
セラレ度シ

昭和十五年十二月十二日
京城府旭町一丁目四拾番地
假寓ニ於テ
野口遵

金田榮太郎殿

野口研究所設立に関する委任状。この署名が絶筆となった
（『野口遵翁追懐録』）

天佑ヲ保有シ萬世一系ノ帝祚ヲ践メル
大日本帝國天皇ハ勲三等野口遵ヲ
明治勲章ノ勲一等ニ叙シ瑞寶章
ヲ授與ス即チ此位ニ屬スル禮遇及ヒ
特權ヲ有セシム
神武天皇即位紀元二千六百二年
昭和十七年五月五日宮城ニ於テ
親ラ名ヲ署シ璽ヲ鈐セシム
裕仁
昭和十七年五月五日
賞勲局總裁正四位勲二等 瀬古保次
勲等簿冊ニ記入ス
賞勲局書記官従五位勲五等 村田八千穂

野口遵翁勲記（『野口遵翁追懐録』）

その結果、野口の寄付財産によって、昭和十六年一月、基金二五〇〇万円の財団法人野口研究所*と基金五〇〇万円の財団法人朝鮮奨学会が設立され、活動を開始しました。野口研究所は化学工業、電源開発計画に関する調査研究機関として多くの業績をあげ、今日に至っており、また、朝鮮奨学会も戦後、文部省（現、文部科学省）の所轄のもとで在日朝鮮人が中心となって再建・運営し、育英活動を継続しています。

野口は昭和十七年五月、財産寄付と多年実業界に貢献した功績によって、産業人としては破格である勲一等瑞宝章を授けられました。そして、野口は昭和十九年一月、永眠します。享年七十二でした。

野口にとって、自ら築いた日窒コンツェルンの崩壊を見ることなく、生涯を終えたことは幸せでした。

北朝鮮のT・V・A

日窒コンツェルンの事業拠点が朝鮮北部にあり、そこで大規模な電源開発と電気化学コンビナート建設が行われていた事実は知られていました。しかし、開発・工場設備の実態は軍事機密に属していたため明らかにされていませんでした。その実態の全貌は、皮肉にも、日本の敗戦によって日窒コンツェルンが崩壊したのち、連合国軍最高司令部（ＧＨＱ）の報告書や米国の雑誌で紹介され、そして、朝鮮戦争の勃発によって世界の注目を集めます。

アメリカ軍を中心とする国連軍を苦しめた北朝鮮軍の強力な軍事力の兵站基地は日窒コンツェルンが鴨緑江本流・支流に建設した巨大な発電所施設と興南地区を拠点とするコンビナート工場にありました。国連軍は北朝鮮軍の最大の軍事施設である鴨緑江本流の水豊ダムの決壊を計画します。しかし、高さ一〇〇メートル、幅一〇〇〇メートルの巨大発電所の破壊は普通の爆弾では無理なことがわかり、一時、原子爆弾の使用も真剣に討議されたと言われています。

国連軍を苦戦させた鴨緑江流域の膨大な発電能力は日本の敗戦時において、一七三億万キロワットを超えており、工事途中のものが一五七億万キロワットありました。それゆえ、朝鮮戦争勃発時には、少なく見積もっても三〇〇億万キロワットの電力が軍事工場や設施に供給されていたと推測されます。

日窒コンツェルンの技術力の所産である鴨緑江流域の電源開発事業は、その全貌が明らかになると、米国のＴ・Ｖ・Ａ（テネシー河流域開発）計画とよく比較されました。米国のＴ・Ｖ・Ａ計画は、一九三三年にフランクリン・ルーズベルト大統領のニューディール政策によって実施されます。この計画は一九五二年までに一二二億万キロワットの水力発電能力、四三億万キロワットの火力発電能力をもつ設備を完成させ、世界の電力界関係者から驚嘆されました。

日窒コンツェルンの鴨緑江流域開発事業は米国のT・V・A計画よりも八年前に開始され、二〇年たらずでT・V・Aの開発規模を上回る実績を残しました。しかも、T・V・Aがアメリカ政府機関の事業として実施されたのに対して、鴨緑江流域開発事業は民間の企業体によって推進されたのです。

朝鮮戦争の勃発は、はからずも日窒コンツェルンの「遺産」である朝鮮北部での電源開発事業と電気化学コンビナートの全容を全世界に知らしめ、野口遵のスケールの大きな開拓活動と彼に率いられた日窒コンツェルンの技術者の力量の高さを証明しました。

二、日窒系企業の明暗

新日本窒素肥料と水俣病

朝鮮半島から中国大陸へ、さらに東南アジア各地に事業網を拡大した日窒コンツェルンは、昭和二十（一九四五）年八月の日本の敗戦によって、全資産の八五％を喪失しました。そしてまた、日本内地の日窒系企業は財閥解体措置、幹部経営陣の追放の中で、軍事産業から民需産業への転換を急がなければなりませんでした。

創業者野口遵の遺鉢を継いだ会社は、新日本窒素肥料、旭化成工業、積水化学工業の三社でした。このうち、「長男」格の新日本窒素肥料は企業再建整備法に基づいて、昭和二十五（一九五〇）年に日窒コンツェルンの持株会社・日本窒素肥料の清算会社として発足しました（昭和四十年「チッソ」と改称）。日本窒素肥料は、昭和二十年十月、唯一残った水俣工場で硫安の生産を再開し、同時に酢酸等の有機工業部門の復旧・拡充に着手しました。新日本窒素肥料もその経営路線を継承し、自家電源開発をベースとする化学肥料部門、有機化学工業部門を両軸とする総合電気化学メーカーとしての発展を目指します。昭和三十年下期の鉱工業資産額上位一〇〇社の中で、新日本窒素肥料は九九位にランクされ、高度経済成長の波に乗って企業成長を開始するかに見えました。しかし、同業他社が高度経済成長の体現者として成長・発展する中で、新日本窒素肥料は成長軌道に乗ることができず、逆に没落の道程を歩むことになります。

高度経済成長の進行の中で、化学工業分野では電気化学工業に代わって新興の石油化学工業が主流の座を占めていきます。しかし、新日本窒素肥料のトップ経営者は戦前の日窒コンツェルン時代の成功体験にとらわれて、石油化学工業部門への転換に乗り遅れてしまいます。それに加えて、海外からの引揚げ従業員を大量に抱えた新日本窒素肥料

水保病
昭和二十八（一九五三）年〜三十五年にかけて熊本県水俣湾周辺地区で発生した有機水銀中毒による神経疾患をいう。

では大規模な労働争議が相次ぎ、業績を次第に悪化させていきました。

そして、新日本窒素肥料の経営に決定的なダメージを与えたのは水俣病問題*でした。昭和四十三年九月、政府は水俣病の発生原因が水俣工場のアセトアルデヒド酢酸設備の中で生成されるメチル水銀化合物の排水にあると認定しました。そして、裁判の結果、昭和四十八年に新日本窒素肥料の敗訴が決定します。水俣病は公害病の代名詞となり、有効な阻止策をとることができなかった新日本窒素肥料は社会の厳しい糾弾を受けます。その結果、一〇〇〇億円を超える莫大な補償債務をかかえた新日本窒素肥料の経営は行き詰まり、昭和五十三年には株式市場から退場し、現在、実質上、国の管理下に置かれています。

旭化成と積水化学の発展

昭和十八（一九四三）年に旭ベンベルグ絹糸と日本窒素火薬の合併によって成立した日窒化学工業は、同二十一年に社名を旭化成工業（平成十三年に現社名の旭化成となる）に改称します。旭化成は軍需関連事業から平和産業への転換を計画し、人造絹糸、肥料、産業用火薬部門を支柱として設備の復旧を図ります。朝鮮戦争による特需ブームによって支柱三事業部門の生産額は戦前の最盛期を凌駕し、旭化成は高度経済成長の出発点になる昭和三十年下期の鉱工業資産額上位一〇〇社の中で二四位にランクされます。旭化成は、高度経済成長期には本業の化学繊維事業分野の多様化・高度化を推進する一方、肥料・火薬事業部門に加えて、食品事業、化成品、合成樹脂事業分野に進出します。さらに一九八〇年代以降の安定成長期には化学繊維事業の成熟化にともない、一段と経営の多角化に注力し、石油化学、建材・住宅事業・医療事業分野への進出を図ります。

平成十二年度（二〇〇〇年度）の旭化成の連結ベース事業分野の売上構成比は、繊維一〇・六%、化成品・樹脂三四・〇%、建材・住宅三四・一%、その他多角化分野二一・三%となっています。この構成比は、旭化成が戦後の産業ライフ・サイクル*に合わせて多角化戦略を推進し、総合化学工業メーカーとしての地歩を着実に築いてきたことを物語っています。

外地からの引揚げ従業員を新日本窒素肥料と旭化成工業の二社だけで雇用することはできませんでした。そこで、昭和二十二（一九四七）年二月、日本窒素肥料社員七名が中心となって、プラスチックの総合的事業化を計画し、資本金一〇万円の積水産業（翌二十三年積水化学と改称）を発足します。積水化学は創業直後いく度となく破綻の危機に直面しますが、新日本窒素肥料と旭化成の支援、会社創業に参加した従業員の懸命な努力と団結によってそれを乗り越え、プラスチック事業のパイオニアとしての道を開拓していきます。その結果、創業十五年目の昭和三十七年には積水化学の資本金は三八億

産業のライフ・サイクル
経済成長を牽引する先導産業の交代をいう。

円となり、一〇工場、一中央研究所、従業員約五〇〇〇名を雇用する会社に成長しました。

積水化学は高度経済成長の過程で日本最大のプラスチックの総合加工メーカーとしての地歩を固める一方、経営の多角化を推進し、とくに石油化学分野と建材・住宅事業部門の拡充に力を入れます。そして、昭和三十八年に後者の建材・住宅事業部門を積水ハウス産業（現在の社名、積水ハウス）として分離独立します。独立後の積水ハウスは親会社の積水化学を上回る企業成長を遂げ、平成二（一九九〇）年下期の鉱工学資産額上位一〇〇社の中で、三四位にランクされています。ちなみに同時点で、旭化成は四〇位、親会社の積水化学は六六位でした。

語り継ぐ社史『日本窒素史への証言』

日本窒素肥料の歴史は昭和二十年の敗戦を分水嶺として戦前の「栄光の時代」と戦後の「苦難の時代」に二分されます。戦前期の日本窒素肥料は電気化学工業開拓のリーダーであり、新興財閥・日窒コンツェルンの統轄的持株会社として君臨していました。しかし、敗戦によって在外資産のすべてを失い、外地企業や工場に勤務した従業員は塗炭の苦しみを味わなければなりませんでした。そして戦後、日本窒素肥料は水俣病を発生させた公害企業の元凶として、社会の糾弾を浴びました。

　昭和五十（一九七五）年に一人の日窒マンが十年先の『日本窒素八十年史』の刊行を目ざして、編纂作業を呼びかけました。昭和十四年に東京帝国大学を卒業して日本窒素肥料に入社し、興南工場勤務を経て、戦後、チッソの総務部長を務めた鎌田正二がその人です。鎌田は昭和四十二年にチッソを退社後、千葉ファインを設立し、チッソ関係者を中心とする高齢者の職場開拓に努めていました。昭和四十年代に入るとかつての日窒コンツェルンのトップ経営者が鬼籍に入り始め、「栄光」と「苦難」を体験した日窒マンの退職が相次ぎました。鎌田は日窒コンツェルンの歴史が風化しないうちに、日窒関係者が見聞した史実や体験談をとりまとめ、それを『日本窒素史への証言』として、一年に一、二冊刊行することを関係者に提案します。

　鎌田の提案は多くの賛同を得、チッソ、旭化成、積水化学をはじめ、日窒コンツェルンの系譜につらなる企業が支援を申し出ました。その結果、昭和五十二年四月に『日本窒素史への証言』の第一集が発行され、目標とした同六十二年五月までに第三〇集を刊行します。しかし、関係者から『証言』の続刊を望む声が多く、五年間刊行を延長しま

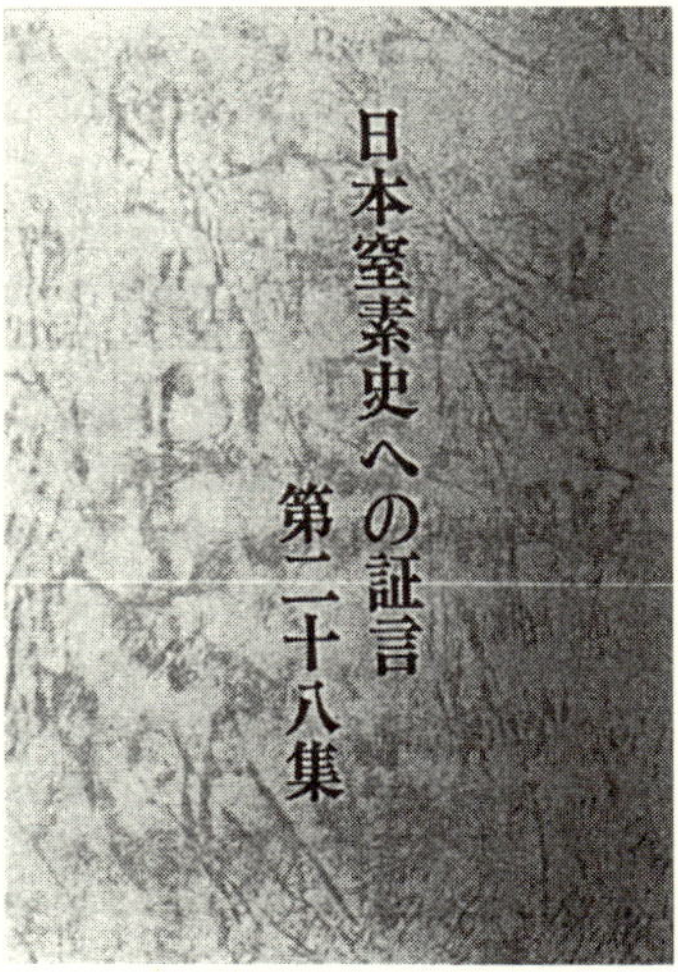

15年間刊行が続けられた
『日本窒素史への証言』

した。

平成四（一九九二）年四月、『日本窒素史への証言』は第四五集の刊行をもって完結しました。第一集の刊行から十五年間に、『証言』に執筆した人は延べ二〇〇名を数え、六五〇〇ページにわたる証言が収録されています。いずれの『証言』も日本窒素肥料を中核とする日窒コンツェルンへの果てしない想い、企業人としての誇り、人間としての生き様が熱っぽく、また切せつと語られています。チッソは『八十年史』を編纂刊行することはできませんでした。しかし、多くの日窒関係者たちが手作りで編集した『日本窒素史への証言』を刊行することで、新しい形の「社史」を上梓したのです。

『日本窒素史への証言』は日本窒素肥料を中心とする日窒コンツェルン構成企業の事績を後世に伝えるとともに、日本化学工業史、日窒コンツェルンを研究する研究者に貴重な資料を提供しました。その意味で、『証言』もまた日窒コンツェルンの「遺産」であると言えます。

森　矗昶

国産技術・機械で合成硫安とアルミ国産化に挑戦した森コンツェルンの形成者

もり　のぶてる

明治十七（一八八四）年に千葉県に生まれる。小学校卒業後、家業のカジメ焼きに従事する。昭和肥料と日本沃度で国産技術・機械による合成硫安とアルミ国産化に成功し、両事業を中心に森コンツェルンを形成する。昭和十六（一九四一）年に五十六歳で没す。

第一章　ヨード事業からの出発

一、網元の家に生まれる

祖母の教え

森矗昶は、明治十七（一八八四）年に千葉県夷隅郡清海村（現、勝浦市）に森為吉の長男として生まれました。森家は江戸時代に庄屋を務めたこともありましたが、大体は漁業の網元で鮮魚の積出し・仲買・加工に従事するかたわら、漁師相手の雑貨商と質屋を兼営していました。父親の為吉は家業に力を注ぐ一方、学問を好む文化人で和漢の書籍に通じ、また、政治にも関心をもち、国会開設後、千葉県夷隅地方に結成された政友会*系の夷隅以文会の発起人メンバーでした。長男にむずかしい矗昶《のぶてる》という名前をつけたのも、為吉に漢学の素養があったからです。矗は森林の松檜が天を衝いで伸びていくさまを形容した文字であり、昶は陽春の日永を意味しました。為吉は森家の跡取り息子が陽光を浴びてのびのびと大きく成長することを願って、「矗昶」と命名したのです。

政友会
正式名称は立憲政友会。明治三十三（一九〇〇）年に結成された。戦前の政界で立憲民政党と並ぶ二大政党であったが、昭和十五年に政党解党運動によって解散した。初代総裁は伊藤博文である。

家付き娘であった祖母のきよは森家の跡取りの初孫の誕生を喜び、家事に追われる母親に代わって矗昶を愛育しました。清海村の隣の小湊は日蓮上人生誕の地であり、周辺一帯は「七里法華」と称し、日蓮宗のメッカでした。祖母きよも熱烈な日蓮信者で日々の生活の中にその信仰が溶け込んでいました。矗昶は子守歌がわりに祖母から日蓮上人の一代記と教えをくり返し聴かされ、育ちました。成人後、熱心な日蓮信者となった矗昶は日蓮の遺した教訓の中で、「われ日本の柱とならん。われ日本の眼目とならん。われ日本の大船とならん」という「開目針」の章句が一番好きで、事業が困難に直面したとき、いつも胸の中でこの章句を口ずさんで、自身を発奮させたと言っています。

清海尋常小学校「優等賞」の賞状（木村毅『白い石炭』）

カジメ焼き

森矗昶は明治二十九（一八九六）年に地元の清海高等小学校を首席で卒業しました。矗昶は千葉中学校への進学を希望し、父為吉もそれをいったん了承します。しかし、為吉は長男を千葉中学校の寄宿舎に手放すことを嫌い、一年後に近くに新設される大多喜中学校

自転車に乗って東奔西走する矗昶。千葉県登録ナンバー１号車で、「森の兄さんの自転車」として評判だった

への進学を勧めます。そこで、矗昶は大多喜中学に入学するまでの期間、日清戦争中に始めた家業のカジメ*焼きの仕事を手伝います。しかし、矗昶の中学進学の夢は叶いませんでした。明治三十年四月、母親満都が突然死去し、気弱になった為吉が矗昶の家業専念を強く求めたからです。

　当時、森家は外房一円からカジメを集荷し、それを焼いて作ったケルプ灰を勝浦の池田平蔵の経営する池平沃度工場に納入していました。為吉は矗昶の家業専念を機にヨード事業への進出を決意し、池平沃度工場に矗昶を見習いに出して、ケルプ液を濃縮して塩化カリ、酢酸カリ、食塩、粗製ヨードなどを製造する技術を学ばせます。そして同時に、森家はカジメとケルプ灰の集荷範囲を上総、外房から千倉白浜、内房方面までに拡大しました。そこで、矗昶は広範囲な集荷地域を効率よく回るために、為吉に当時東京で流行《はやり》だした自転車を購入してもらいました。東奔西走する矗昶の自転車は千葉県登録ナンバー一号車となり、「森の兄

カジメ
コンブ目コンブ科に属する海藻。主に本州中部の太平洋岸に広く分布している。

さんの自転車」として評判となります。

嘉祠が池平沃度工場で見習期間を終えると、明治三十四年、森家は同工場から二人の熟練工を譲り受けて粗製ヨード工場を建設し、本格的にヨード事業に乗り出します。

二、総房水産の発展と破綻

森と鈴木の提携

わが国のヨード工業は明治二十年代にスタートしました。ヨードは化学薬品、火薬の原料になりました。そのため、日清・日露両戦争による軍需の拡大を背景に各地にヨード製造業者が輩出し、同工業は急速な発展を見ました。

森家も、そうしたヨード工業勃興の中で、同事業に着手して急成長を遂げ、明治三十年代末には房総半島におけるヨード業界の中心的存在となります。明治三十八（一九〇五）年六月、塩の専売制実施と翌三十九年に後述する鈴木三郎助*家の館山進出が開始されると、森為吉・嘉祠父子は房総半島のヨード製造業者の大同団結が必要であると判断し、最大規模の自社工場を二〇年間無償提供するという条件を示して同業者の同意を取り付け、明治四十一年十二月、資本金五万円の総房水産株式会社を成立させました。総

鈴木三郎助
慶応三（一八六七）年に初代三郎助の長男として相模国三浦郡堀内村に出生。早くに父に死別。母を助けて弟忠治とともにヨード事業を営み、鈴木製薬所を興す。明治四十一（一九〇八）年に「味の素」の企業化に着手し、鈴木商店の社長として「味の素」を化学調味料の代表製品に成長させた。

鈴木三郎助

房水産の営業種目はヨードとその副産物、海産物の製造販売、専用漁業権の貸借などでした。社長には森為吉、取締役には池田平蔵、安西直一が就任しますが、事業の実質的推進は営業部長の森矗昶が担当しました。この時、矗昶は二十四歳でした。

ところで、化学調味料の「味の素」の企業化に成功する鈴木三郎助家の事業経営の出発点もまたヨード事業にありました。鈴木家は明治二十三（一八九〇）年から三浦半島の葉山でヨードの製造を開始し、その後ヨードを原料とする薬品事業に手を広げていきます。そして、明治三十九年に事業拡張を企図した鈴木家はカジメ資源の豊富な房総半島に進出し、館山に合資会社安房沃度製造所を設立しました。

その結果、森と鈴木はカジメ資源の確保をめぐって房総半島各地で激しい競争を展開することになります。しかし、明治四十四年九月、両家の間につぎのような事業提携が成立し、競争に終止符を打ちます。

一、鈴木製薬所の経営する安房沃度製造所の資産を二万五〇〇〇円に評価し、それを総房水産に出資する。
二、鈴木家を代表する役員を総房水産に送り込む。
三、総房水産は粗製ヨード、塩化カリなどの製品を鈴木製薬所に供給する。

池田菊苗
元治元（一八六四）年に京都に生まれる。明治二十二（一八八九）年に東京帝国大学理科大学化学科を卒業。同三十四年に東京帝国大学教授に就任する。日本に物理化学を導入するとともに、「うま味の研究」に従事し、同四十一年に「グルタミン酸ヲ成分トセル調味法製造法」の特許を取得する。同特許は鈴木三

総房水産の３首脳。右から森矗昶、森為吉、安西直一

鈴木家は当時東京帝国大学教授池田菊苗*の発明した「味の素」の企業化とともに、注力していた製薬事業の原料を確保するために「名」を捨てて、「実」を取ったのです。一方、森家は強力なライバルを吸収したことによって、房総半島におけるヨード製造事業の大半を手中にしました。そして、より重要なことは、鈴木家との競争と提携の過程を通じて、森矗昶が鈴木三郎助と出会ったことでした。後述するように、森は鈴木の支援で独立を回復し、鈴木の事業パートナーとなります。

拡大と蹉跌

総房水産は発展を続け、第一次世界大戦を迎えます。大戦の勃発によって外国からのヨード関連製品は途絶され、国内外から注文が殺到し、ヨード業界はかつてないブームに浴しました。

森家の人々。左より、三男清夫人、五男禄郎、安西夫人。後列一人おいて、安西正夫、次女睦子（三木武夫夫人）、三男清、森矗昶、四男美秀、次男茂、三女三重子（松崎武臣夫人）、曉昶夫人、曉夫人、長男曉。

総房水産も大戦ブームに乗って事業拡張を計画し、大正四（一九一五）年には資本金を三〇万円に、さらに同六年には一挙に一五〇万円に増資します。そして、九州に進出して九州工場を設立し、また、原料集荷地域も茨城、石川、九州各県から壱岐、対馬、朝鮮の済州島にまで拡大する一方、ヨード関連製品のほか、硝石、炭酸カリ、黄血塩などの工業薬品の生産・販売にも手を広げました。総房水産の業績も好調そのもので、毎期、巨額の利益を計上し、大正五年上期には一三割六分という高額株式配当を行いました。

しかし、戦争景気は長く続きませんでした。第一次大戦の終結とともにヨード業界は需要の減少・価格の下落、外国製品の再流入に直面し、壊滅的打撃を受けます。総房水産もその例外ではなく、「価格ノ暴落シタノミナラズ、主要製品タル塩化加里、沃度、沃度剤ノ如キ、価格ニ関セズ、取引全ク途絶スルニ到レリ」という苦境におちいり（同社「営業報告書」大正八年上期）、資本金の四倍にあたる六〇〇万円に近い損失を出してしまいます。
その結果、森為吉社長、＊安西直一専務は引責辞職し、常務の森矗昶がすべての事業責任を取ることになります。矗昶は総房水産の破産を回避させるため懸命の努力を続けますが、解決策を見出すことができず、最後の手段としてライバルの鈴木三郎助に援助を申し込みます。

郎助によって化学調味料「味の素」として事業化された。池田の発明は大正十五（一九二六）年に帝国発明協会から御木本幸吉の真珠養殖、豊田佐吉の自動織機と並んで我が国三大発明として表彰された。

安西直一
森為吉・矗昶親子を助けて総房水産を興し、専務となる。安西正夫の父親で、千葉県議会議長を務めた。

第二章　東信電気の発足と発電所建設

一、東信電気の事業活動

鈴木家の事業展開

第一次世界大戦ブームの中で、鈴木家は化学調味料「味の素」の事業に力を注ぐとともに、薬品工業から電気化学工業への進出を計画します。そして、鈴木家は、大正六(一九一七)年八月、自家電力を確保するために、長野電燈、川崎銀行の協力のもとに、資本金三〇〇万円の東信電気株式会社を設立しました。

東信電気が大量生産を計画した塩素酸カリは、ヨードの副産物である塩化カリを電気分解処理して生産されました。このことに着目した森矗昶は、破綻寸前の総房水産を東信電気に吸収合併させることを考え、鈴木三郎助にその実現を懇請します。森の申し入れに対して、鈴木家内部では反対が強く、また、東信電気の出資者の多くが異議を唱えました。しかし、森の人柄と経営手腕を高く評価していた三郎助は周囲の反対を押え、

森が東信電気建設部長として建設を担当した高瀬川第二発電所（『昭和電工五十年史』）

森の提案を受け入れます。その結果、大正八年九月、総房水産は資本金を半減した上で東信電気に吸収合併され、清海、館山、九州の三工場は新設の水産部の所属工場となります。そして、森も取締役として東信電気に入社し、水産部を統轄します。

建設部長として発電所建設に尽力

森矗昶が入社した当時、東信電気は長野県の千曲川水系上流の四ヵ所で発電所の建設を行っていました。しかし、地元との交渉が難航し、工事は大幅に遅れていました。そこで、鈴木三郎助は森を水産部長兼務のまま建設部長に起用し、発電所建設を担当させます。

森は持ち前の行動力で懸案事項を次つぎに処理し、着任後一年七ヵ月で総出力一万三、九〇〇キロワットの四発電所すべてを完成させ、三郎助の期待に見事に応えます。

東信電気は、大正九年十一月、第二発電所に隣接して森矗昶を工場長とする小海工場を建設して、清海、館山両工場で生産される塩素カリを原料とする塩素酸カリの大量生産を開始します。しかし、東信電気の塩素酸カリ事業は順調に発展せず、頓挫することになります。大正九年の反動恐慌以降、マッチ輸出の不振で塩素酸カリの市況が悪化したことに加えて、当時、世界のマッチ業界に君臨していたスウェーデンのマッチ・トラスト*・クルーゲルがわが国にも進出して、国内のマッチ工業の大半を傘下に収めてしまったからです。その結果、マッチの主力原料である塩素酸カリ事業は大打撃を受け、大正十一年には小海工場も閉鎖を余儀なくされました。

スウェーデンのマッチ・トラスト
スウェーデン有数のマッチ会社。クルーゲルの主宰により同国、オランダおよびアメリカの国際資本が結合し、本部をストックホルムに置いた。同トラストは強烈なダンピング輸出攻勢で世界市場を席巻し、第一次世界大戦直後には世界マッチ生産の七〇～七五%を支配した。

二、日本沃度の設立

東信電気の変容と独立の回復

電気化学会社としての発展を阻止された東信電気は、電力販売会社に転身することで再起を図ります。東信電気は小海工場の閉鎖に先立って、大正十（一九二一）年九月、千曲川水系上流の四発電所を東京電燈に売却して、いったん事業を整理します。そして、その売却資金を使って、東信電気は森矗昶の陣頭指揮のもとに長野県下の高瀬川上流と千曲川下流の電源開発に着手して、大正十四年までに総出力四万七八〇〇キロワットの六発電所を完成させ、その電力すべてを東京電燈*に供給しました。

この間、東信電気の事業変容にともなって、同社の水産、化学部の事業は廃止されました。森矗昶は両部所属の工場の引き受けを決意し、鈴木三郎助に工場譲渡を申し入れます。鈴木は森の発電所建設の貢献を認め、その申し入れを許諾しました。その結果、森は、大正十一年六月、受け皿として森興業を創設し、さらに同十五年十月には資本金一〇〇万円の日本沃度株式会社を設立してヨード事業を再開しました。

こうして、かつての総房水産の工場は再び森家の手にもどり、矗昶自身も企業家としての独立を回復します。

東京電燈
明治十九（一八八六）年に日本で最初に設立された電力会社で、翌二十年から日熱電気灯の供給を行った。現在の東京電力の前身の一つである。

事業拡張と樺太・朝鮮への進出

日本沃度は、各種ヨード製品の製造のほか、自社製塩化カリを原料として硝石事業に進出し、陸軍造兵廠に納入しました。また、ヨードの副産物の塩化カリや硫酸カリをカリ肥料として販売します。

ヨード製品の販路も国内だけでなく海外市場にも求め、昭和二（一九二七）年にはソ連政府とヨードの大量売渡し契約を結びました。そのため、本州だけでは原料収集が賄

ソ連代表と千葉県・興津海岸にて。左から５人目が森（『昭和電工五十年史』）

いきれず、同年夏には北海道厚岸に出張所を開設して原料の大量集荷に努めました。そしてさらに、樺太（現サハリン）に進出して本斗郡白主に樺太沃度合資会社を設立し、昭和三年には朝鮮沃度株式会社を設立して済州島を中心に海草採取を開始しました。

こうして日本沃度は、設立一～二年後にはヨード事業を樺太から朝鮮にまで拡大していきます。

第三章　産業開拓活動と森コンツェルンの形成

一、合成硫安事業への挑戦

過剰電力問題

　電力販売会社となった東信電気は、引き続き電源開発に邁進して千曲川水系に二発電所、新潟県阿賀野川水系に二発電所を建設し、昭和五（一九三〇）年までに一七万六〇〇〇キロワットの発電能力をもつ、五大電力会社に次ぐ電力会社に発展します。

　ところで、わが国の電力業界は第一次世界大戦中から戦後にかけての電源開発・設備投資競争の結果、昭和初年には大量の過剰電力を抱え込んでいました。とくに東京電燈、東邦電力、宇治川電力、大同電力、日本電力の大手五社の電力過剰問題は深刻で、相互に激しい電力売込み合戦を展開していました。最も競争が苛烈であったのは東京電燈の供給地区の京浜地帯で、各社ともそこに次つぎに進出し、「産業用はもとより一般家庭用の分野でも、血みどろの争奪戦が展開され［中略］、一階は東京電燈、二階は東邦電力の電灯がついている家まで現われる始末で」した（『昭和電工五十年史』）。

そのため、多数の子会社および関連会社と電力購入契約を締結している東京電燈は受電電力の消化に苦しみ、業績を悪化させました。東京電燈の経営苦境は発生電力のすべてを同社に供給している東信電気にとっても無関係でありえず、昭和二年ごろから両社の間で過剰電力対策について話し合いがもたれます。

「水力電気の原料化」構想

東信電気側の交渉代表者は森矗昶でした。森は東信電気の建設部長として、次つぎに発電所を建設して過剰電力問題を発生させる役回りを演じた当事者の一人であり、しかも昭和二（一九二七）年七月には専務取締役に就任し、東信電気を主宰する立場にいました。森は自分にも責任の一端がある過剰電力問題に真剣に取り組み、「水力電気の原料化」構想を打ち出し、つぎのように主張します。

「私どもは今まで国家の隠れた富源の開発者として自負していたが、それは大間違い、むしろ国家の資材を乱費したというような形になる。早く今までの方針を転じて電力消費者として罪をあがなわなければならぬ。何か世のため国のために電気を多く使って出来る格好のものはないのか、何が一番この趣旨にかなうかと、彼も調査し、これも研究し、考慮に考慮を重ねたのです。

これはもっとも、今は急に電気が余ったから電気を使う事業を起こそうという、ただ漫然とした考えからではない。私どもは最初から、電灯や単なる電気事業を、私どもの仕事とは考えていなかったのであります。私どもの東信電気設立の出発点は電気化学工業にあったのであります。すなわち、わが国は国土狭隘で資源に乏しいが、ただ水力電気には恵まれている。わが国の山脈は傾斜多く四時適量の降雨があるから、水力電気は前にも申したごとく全国いたる所に発電せられるのであります。ゆえに世界のいずれの国よりも最も豊富に、かつ容易に、また有利に電力が得られるのです。

私どもは、この天恵の水力電気を利用して工業を起こし、おのれの運命を開拓し、また国運の伸長をはからなければならない。〝水力電気の原料化〟こそ私どもの使命と信じ、常に世間に向っても強調してきたところであります。その建前に対しましてもすみやかに電力消化の具体案を決定し、その実行にかからなければならぬ」(『昭和電工五十年史』)。

森が慎重な調査・研究と熟慮の末に選んだ電力消化型産業は、合成硫安とアルミニウム精錬事業でした。前者は野口遵の日本窒素肥料、金子直吉の率いる鈴木商店傘下の第一窒素工業がその生産を開始したばかりの新興事業であり、後者は誰れも着手していない未開拓の分野でした。

森は東信電気発足時の創業理念に立ち帰り、電力を原料とする新興工業分野の国産化に挑戦することによって、過剰電力問題の解決を図ろうと考えたのです。

昭和肥料の設立と東工試法の採用

昭和三（一九二八）年に入り、東京電燈と東信電気の間につぎのような合意が成立します。

一、東京電燈は東信電気から購入している電力（一キロワット、一銭五厘）の大部分をキロワットあたり三厘で後者に買い戻してもらう。

二、東信電気は買い戻した電力の消費方法を考え、それに東京電燈が全面的に協力する。

森矗昶は東信電気が買い戻す一〇万キロワットの電力の消化策として、まず化学肥料工業を選び、石灰窒素の生産で四万キロワット、硫安の生産で六万キロワットを使用する計画を立てます。そして、東信電気社長の鈴木三郎助の同意を得ると、森は、昭和三年十月、東京電燈と東信電気の折半出資による資本金一〇〇〇万円の昭和肥料株式会社を設立し、専務取締役に就任しました。

石灰窒素工場は東信電気の地元での電力消化と需要を考慮して、新潟県鹿瀬に設置さ

昭和肥料川崎工場（『昭和電工五十年史』）

れました。鹿瀬工場での石灰窒素製造計画は比較的順調に進み、昭和四年から生産を開始します。しかし、運輸上の利便性を考慮して川崎埠頭に建設された川崎工場での硫安生産はそれ程簡単ではありませんでした。まず、どのアンモニア合成技術を採用するかが大きな問題でした。合成硫安工業の先発企業である日本窒素肥料、第一窒素肥料、大日本人造肥料はそれぞれカザーレ法、クロード法、ファウザー法を導入していました。また、昭和肥料に次いで合成硫安工業に進出する住友、三井、三菱の三大財閥系企業も、すでに実用化されている外国技術を使用します。

昭和肥料でも当初、外国技術の使用を考え、ウーデ法とファウザー法の導入を検討しました。しかし、前者の導入には特許実施料一五〇万円のほか、年産一〇万トンの機械装置の購入費が八〇〇万円必要であり、昭和肥料の資金力ではそれを賄うことができませんでした。後者の導入条件は比較的ゆるやかでしたが、す

全購連
大正十二（一九二三）年四月、産業組合法によって設立された全国購買組合連合会の略称。農民が自主的に組織する産業組合の連合組織で、農民の購買力を結集して大量取引を行い、農村経済の改善、安定を図ることを目的とした。第二次世界大戦後の昭和二十三（一九四八）年一一月、農業協同組合法に基づき再発足した。

でに大日本人造肥料が導入契約を締結していて、実施にあたっては同社の承認を得る必要がありました。そのため、昭和肥料はファウザー法導入の仮契約を結びますが、結局、大日本人造肥料の同意が得られず、導入を断念します。

そこで、森矗昶は外国技術の導入をあきらめ、商工省の東京工業試験所が開発したアンモニア合成技術（東工試法）を採用する方向に転じます。しかし、当時、国産技術の信用は極めて低く、昭和肥料内部でも東工試法の採用を危惧する声が少なくありませんでした。しかし、森は不退転の決意で、東工試法の採用に踏み切ります。森は外国技術導入交渉のために外国に派遣した技術者から東工試法が外国技術と比べて遜色がないという報告を受けており、また、東京工業試験所が東工試法の実施に際しては全面的に協力することを約束していたからです。

昭和四年六月、昭和肥料は東工試法を採用し、同時に同法の開発者である横山武一と中村健次郎を入社させます。そして、翌昭和五年秋から東京工業試験所の指導のもとで川崎工場の建設を開始します。工場建設に当たってはできるだけ国産機械を採用する方針がとられ、全体の九五％を日立製作所、石川島造船所、月島機械、戸畑鋳物などの有力メーカーに代金後払いの、「メーカーズ・クレジット」方式で発注しました。

昭和肥料、東京工業試験所、各種機械メーカーのいわば「合作」である川崎工場は操業直後のトラブルを乗り越え、昭和六年六月、わが国最初の国産技術と国産機械設備に

表1　硫安生産費の官庁査定額(昭和6年10月23日現在)

(単位：トン当たり円)

	昭和肥料	朝鮮窒素	日窒水俣	日窒延岡	大日本人肥
電力費	14.000	14.000	14.250	14.750	29.920
製造費	9.180	7.774	8.470	8.940	7.900
硫酸費	10.540	11.667	10.883	12.158	13.200
荷造費	4.000	4.000	4.000	4.000	4.000
特許料	—	2.012	2.027	2.027	2.500
営業費	2.000	2.000	2.500	2.500	2.000
計	39.720	41.453	42.130	44.384	59.520

(注)金利、償却額は含まない。日本で初めての官庁査定である。

(渡辺俊二編『化学工業』上)

よるアンモニア合成に成功します。そして、昭和肥料はこの年早くも朝鮮窒素肥料に次いで、全国硫安の一六・八％を占める生産を記録しました。

全購連との提携

昭和肥料が化学肥料事業に進出した時期は、昭和恐慌の最中で、しかも外国からの肥料ダンピング輸出攻勢が最も激しい時でした。

当時、先発の化学肥料メーカーは、商社＝肥料問屋のルートを通して製品を販売していました。彼らにとって、朝鮮窒素肥料に次ぐ生産能力をもち、その上、安価な電力を使用し、特許料支払い負担のない昭和肥料の出現は脅威でした。そこで、先発メーカーと商社＝肥料問屋は昭和肥料の製品を取り扱わない方針を打ち出します。

それゆえ、昭和肥料は新たな流通ルートを開拓しなければなりませんでした。森矗昶はそのルートとして全国購買組合連合会*（全購連）に注目します。全購連は大正十二（一九二三）年に「生産者より直接消費者へ」をスローガンに設立された産業組合の組織でした。しかし、当時、その力は弱く、既存の商社＝問屋ルートに対抗できずにいました。

全購連のスローガンは森の過剰電力を利用して安価な化学肥料を農村に供給して農村振興の一助にしたいという考え方と合致し、また、全購連側も強力な生産者との提携を望んでいました。その結果、生産＝昭和肥料、流通＝全購連の新興勢力の提携はスムーズに進展し、両者の間に、昭和六年六月、①昭和肥料は製造能力の許す限り全購連の需要する硫安を供給すること、②昭和肥料は全購連に対して如何なる事由があるとも製品の売止めをなさざること、の二点を内容とする契約が成立します。

こうして、販路を確保した昭和肥料は、「農村ノ不況愈々深刻ヲ加ヘ一般肥料ノ売行極メテ不振ナリシニ拘ラズ、硫酸アンモニアハ曩ニ契約セル全国購買組合連合会ソノ他ニ対スル売約品ノ荷渡シ円滑ニ行レタル為メ担当ノ成績ヲ挙グルコトヲ得タリ」と「営業報告」（昭和六年上期）が記しているように、順調なスタートを切ることができました。

二、アルミニウム工業の国産化活動

アルミ精錬への挑戦

昭和肥料の経営が軌道に乗ると、森矗昶は自分の経営意思が貫徹できる家業会社の日

藤森龍磨
明治二十三（一八九〇）年、兵庫県姫路市生まれ。大阪高専工業学校卒業後、日本軽銀製造信州工場の工場長としてアルミニウム電解に先鞭を付ける。森矗昶に招かれ昭和アルミニウム工業所において我が国最初のアルミニウム工業化に成功。日本電気工業、昭和電工の取締役、日本冶金工業専務を歴任し、昭和四十三（一九六八）年に勲三等瑞宝章を叙勲。

本沃度において、つぎの課題であるアルミニウム工業の産業開拓活動に取り組みます。同工業はアルミニウム一トンを生産するのに二万キロワットの電力を使用する典型的な電力消費産業でした。

大正六（一九一七）年に藤田組傘下の日本軽銀製造がアルミ精錬事業に着手して以来、数社が同工業の国産化に挑戦しますが、いずれも見るべき成果をあげることができませんでした。

大正期を通して、アルミ関連製品が普及し、その原料であるアルミ地金、スクラップの輸入が急増しました。また、アルミは次代の戦略兵器である航空機の基本的な構造材料でもありました。そこで、政府は国際収支と国防上の観点からアルミ地金の国産化を

藤森龍磨

岡沢鶴治

日本アルミナ工業所（『昭和電工五十年史』）

重要課題と位置づけ、大正十五年六月、三井、三菱、住友、古河の各財閥を中心メンバーとする「アルミニウム工業促進に関する協議会」を発足させる一方、同工業確立に必要な電解・アルミナ・電極の研究に補助金を支給する政策をとります。しかし「協議会」メンバー各社とも、安価な欧米アルミ地金の流入の中で、しかも政府の国産原料使用方針に基づいて同工業に進出する自信はありませんでした。そのため、昭和二（一九二七）年に「協議会」はなんらの成果をあげることができず、解散してしまいます。

森矗昶がアルミニウム工業に関心をもったのは、大正九（一九二〇）年のことでした。当時、前述のように、森は東信電気の建設部長として長野県大町に常駐し、高瀬川流域の電源開発を指揮していました。このとき、森は日本軽銀製造の信州工場でアルミ精錬事業に取り組んでいた藤森龍磨と知り合い、彼を通じて同工業への関心を強めていきます。さらに右の「協議会」

初めて国産化に成功したアルミニウムの原塊（『昭和電工五十年史』）

が設置されると、森は東信電気を代表して出席し、大町付近にアルミ精錬工場を建設する企業があれば一キロワット時七厘五毛から一銭で電力を供給したい、と提案しますが、この提案に耳を貸す者は誰もいませんでした。

そこで、森は自らの手で電力消費型産業であるアルミニウム工業を起こす決意を固めます。森はアルミ精錬事業においても、国産技術と国産原料の使用方法をとります。アルミナ原料については、昭和五年ごろから明礬石、粘土、礬土頁岩資源の調査を開始し、同八年三月、朝鮮全羅南道多島にある明礬《みょうばん》石を産出する声山鉱山を買収します。アルミナ原料として明礬石はボーキサイト鉱石に比べて抽出処理がむずかしく、コスト面で不利でした。しかし、森はそれを承知で明礬石を選びます。その理由として、政府の国産原料使用方針を受け入れたことと、明礬石に含まれているカリ分を抽出して当時輸入に依存していた硫酸カリを生産し、それによってアルミナ生産のコストを引き下げることができると判断したためであると言われています。

技術面では、昭和六年十二月、理化学研究所から理学博士岡沢鶴治を招聘し、昭和肥料川崎工場の技術陣と一緒にアルミナ製法を研究させる一方、アルミナ電解の責任者として*藤森龍磨（当時、中越電気常務）をつぎの言葉で勧誘します。

操業中の大町電解工場（『昭和電工五十年史』）

「日本に事業家は多いが、アルミニウムをやる人間は俺一人だし、日本に技術者は多いが、アルミニウムをつくったことのある人間は君一人だ。その二人が一所懸命やって、それでもうまくゆかなかったら、アルミの棺を作って、二人でその中に入って死のうじゃないか」（『昭和電工五十年史』）。

日本電気工業の誕生

こうして、藤森を入社させ、岡沢らの明礬石を処理するアンモニア・ソーダ法が完成すると、森は、昭和八年三月、長野県大町に電解工場の昭和アルミニウム工業所を、同年四月、横浜にアルミナ工場の日本アルミナ工業所を個人事業として設置します。森が両事業所を個人事業としてスタートさせたのは、アルミニウム工業のリスクを自ら負担するためでした。

森のリスクを冒しての意思決定は、昭和九年一月の昭

表2　日本電気工業・昭和電工のアルミナ、アルミニウムの生産量と全国比

（単位：トン、％）

	アルミナ		アルミニウム		アルミ合金	
	生産量	全国比	生産量	全国比	生産量	全国比
昭和８年	30	100.0	—	—	—	—
9	1,635	100.0	588	100.0	—	—
10	5,104	81.6	2,522	93.9	43	(不明)
11	7,539	68.2	3,241	70.5	100	(〃)
12	14,007	60.3	5,595	52.1	303	(〃)
13	16,978	50.0	6,780	47.1	931	(〃)
14	21,616	45.9	9,703	45.1	1,095	(〃)
15	30,097	48.8	9,874	37.3	1,164	(〃)
16	42,485	40.7	14,730	29.2	1,185	(〃)
17	49,861	29.7	18,491	24.6	2,360	(〃)
18	58,131	22.1	22,779	21.1	2,514	(〃)
19	62,663	24.7	28,276	25,8	3,293	(〃)
20	13,187	35.8	6,035	36.6	783	(〃)

（『昭和電工五十年史』）

和アルミニウム工業所でのアルミナ電解の成功によって報われ、彼はアルミニウム国産化の一番乗りを果たします。そして、その成功を機に、森は昭和アルミニウム工業所と日本アルミナ工業所を日本沃度に合併させ、大町工場、横浜工場とします。

日本沃度はヨード事業を本業としていましたが、満州事変以降の重化学工業発展の波に乗って塩素酸カリ、フェロシリコン、金属珪素などの生産を開始し、さらにアルミニウム工業を加えるにおよんで、昭和九年三月、社名を事業内容にふさわしい日本電気工業と改称しました。

三、森コンツェルンの形成

垂直統合戦略の展開

昭和肥料の化学肥料工業、日本電気工業のアルミニウム工業への進出動機は、森矗昶の「水力電気の原料化」理念

から発していました。その進出過程は垂直統合のうちの「前方統合」戦略でした。森は両工業によって経営基盤を確立すると、満州事変・金輸出再禁止後の重化学工業発展の中で、垂直統合を中心とする積極果敢な拡大戦略を展開します。

次頁の図は日本電気工業の事業系統図です。この図によって、同社の「前方統合」戦略による工場拡大過程を見れば、電解工場の広田工場と電炉工場の塩尻工場は、昭和七（一九三二）年に東部電力と諏訪電気からそれぞれ電力供給を受ける条件で借り受けたのち、買収します。もう一つの電炉工場である秩父工場は、昭和六年に東京電燈から昭和肥料に経営委託され、その後一時、秩父電気工業として独立しますが、九年九月に日本電気工業に吸収合併されます。また、金属精錬工場の松本工場は、昭和十年一月、土橋電気製鋼所を買収の上、改称したものです。このほか、森家は照明弾、発煙弾、発火信号弾などを生産する日本火工を昭和八年十月に買収して傘下企業とし、さらに十年四月には日本電気工業の興津工場の火薬事業部門を分離独立させて昭和火薬を設立します。

これらの買収会社・工場はいずれも電気を原料とする製品を生産しており、しかも、それぞれの製品・副産物とその生産工程は日本電気工業、昭和肥料の既存工場とも技術的連関性を有していました。日本電気工業の工場が広範囲な地域に分散していたのは、その多くが既存会社・工場を買収したものであったことに起因しますが、それは一面で、発電所の地元で電力を消化して農村振興の一助としたいという森の事業方針の表れでも

日本電気工業の事業系統図

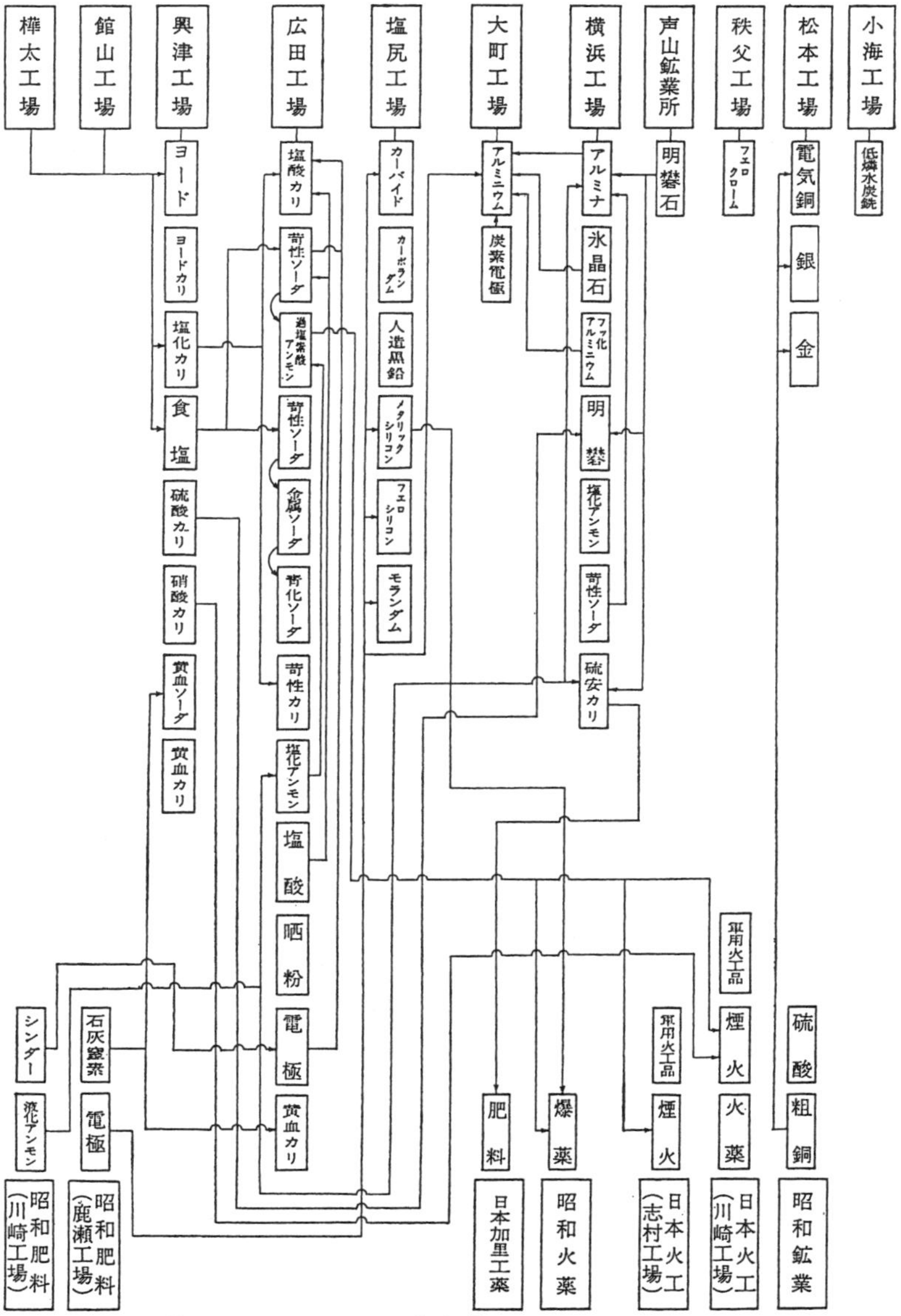

（三宅晴輝『新興コンツェルン読本』）

ありました。

森矗昶は、「前方統合」戦略による製品多角化と並行して「後方統合」戦略による原料資源確保策も積極的に展開します。満州事変以降の鉱工業生産の活況の中で、過剰電力は消滅していきました。森は昭和肥料、日本電気工業両社の電力供給方式を従来の買電から順次自給に切り換える方針をとり、東信電気の拡張を図る一方、買電契約を結んでいた地方の電力会社を次つぎに買収し、それらを日本電気工業の子会社としました。

他方、昭和肥料においても、電力価格の上昇に応じて、硫安製造工程を電解法からガス法に転換させ、昭和十二年までに川崎工場の生産能力を電解法一五トン、ガス法一七万五〇〇〇トンとします。そして、この製造工程の転換が昭和肥料の炭鉱事業進出の契機となり、昭和一〇年から北海道空知の石炭鉱区一〇万ヘクタールを買収して、豊里鉱業所を設置します。また、森は同じ目的で、昭和九年に樺太炭業を設立しました。

この間、日本電気工業の各種非鉄事業の拡大に相応して、昭和九年一月、資本金一〇〇〇万円の昭和鉱業株式会社を設立し、さらに翌十年には昭和肥料の製品を取扱う日本加里工業とその子会社を傘下企業としました。

このような垂直統合を中核とする拡大戦略の展開によって、森矗昶が指揮する企業は、昭和十二年上期には表3に示すように、持株会社一社、直系会社七社、傍系会社六社、関係会社六社となり、これらの計二〇社の企業群を、当時のジャーナリズムは森コンツエルンと名づけ、新興財閥の一つに数えました。

森コンツェルンの構造

森コンツェルンも、他の新興財閥と同様に創業者一族の封鎖的所有・支配のもとに成立した企業集団ではありませんでした。表3に見るように、コンツェルン構成企業における森矗昶一族の持株比率は低く、また、コンツェルン内で関係会社の比重が高いという特徴をもっており、関係会社六社の払込資本金合計額はコンツェルン傘下二〇社のそれの六〇%に達していました。この点は、同じ電気化学工業を中心とする企業集団であっても、日窒コンツェルンの場合と異なっていました。

森コンツェルンは森興業という持株会社をもっていました。森興業の資本金は昭和十二(一九三七)年当時、一〇〇〇万円であり、出資者には森一族のほか、総房水産時代の関係者も入っていました。しかし、森興業の資本力では急速に拡大していく傘下企業の資金需要をとうてい賄うことはできませんでした。それゆえ、昭和肥料、日本電気工業の中核二社とも、操業後まもなく株式を公開して社会的資金の動員を図るとともに、所要資金の多くを金融機関、とくに安田銀行と生命保険会社協会に依存しました。

また、森興業は持株会社ではありましたが、コンツェルン参加企業を統轄管理する能

表3　森コンツェルンの支配企業（昭和12年）（単位：千円、％）

企業名	公称資本金	払込資本金	森系持株率	製　　品	創立年月
■持株会社					
森興業	10,000	10,000	100.0		大11.6
■直系会社					
日本電気工業	50,000	31,250	28.6	アルミニウム、ヨード類、カリ類、ソーダ類、電極、カーボランダム、その他	大15.1
昭和鉱業	25,000	13,750	?	金、銀、銅精練、鉱山業	昭 9.1
日本火工	2,000	1,075	?	特殊鋼、軽合金、火工品製造販売	大14.8
昭和火薬	2,000	500	?	火薬類製造販売	昭 9.4
樺太炭業	2,000	2,000	12.0	石炭採掘販売	昭 9.4
宝城興業	5,000	2,000	?	南鮮地方干拓事業と水力発電	昭10.12
昭和伸銅	1,000	700	?	伸銅業	?
計	87,000	51,275			
■傍系会社（日本電気工業の子会社）					
姫川電力	10,000	2,500	98.0	電気事業	昭 3.7
太川水力	200	50	?	〃	昭 6.1
中央電気工業	1,000	368	41.0	マンガン合金、その他金属化学工業、薬品製造販売	昭 9.2
磐城電気	2,050	1,050	46.8	電気事業ならびに電気化学工業	大11.4
大日向鉱業	60	60	?	鉄鉱山業	?
志太鉱業	50	50	?	クロム鉄鉱山業	?
計	14,360	5,078			
■関係会社（他の資本との共同事業・その子会社）					
東信電気	68,350	56,943	3.2	電気事業	大 6.8
昭和肥料	30,000	22,500	6.9	硫安、石灰窒素、カーバイド、液体アンモニア等のガス	昭 3.10
日本加里工業	1,000	1,000	53.0	肥料、肥料原料の製造販売	大12.4
*昭和産業	2,500	2,500	?	肥料、肥料原料、飼料、飼料原料、小麦粉、デンプン、動植物性油脂加工・売買	昭11.2
*日本肥料	200	200	?	肥料、肥料原料の製造、動植物性油脂製造	昭 6.8
*昭和製粉	2,500	2,500	12.0	小麦粉その他雑穀粉の製造売買	昭10.5
計	104,550	85,643			
合　計	205,910	141,996			

（注）1. 森系持株率は森興業および森一族の持株と総株数との比率。傍系会社の森系持株率は、森興業、森一族および日本電工の持株と総株数の比率。
2. *印は、日本加里工業の子会社。　（三宅晴輝『新興コンツェルン読本』）

表４　コンツェルン支柱４社の株主構成

日本電気工業（昭和12年3月）		昭和肥料（昭和12年3月）		東信電気（昭和12年3月）		昭和鉱業（昭和13年6月）	
株主名	持株数	株主名	株数	株主名	持株数	株主名	持株数
○森興業	200,000	東京電燈	137,400	東電証券	239,498	○日本電気工業	100,000
東株代行	90,330	東信電気	134,000	鈴木商店	180,350	○岩瀬　亮	66,390
東信電気	35,200	第一生命	42,000	○森興業	42,334	○森　矗昶	59,800
川島屋商店	28,260	○森興業	40,000	帝国生命	39,920	○森　　輝	57,140
第一生命	23,250	第一徴兵	11,100	第百銀行	24,000	林　荘治	20,000
渥美登志男	19,320	新潟電力	9,000	共済会	22,978	○森興業	20,000
味の素	19,100	日本生命	8,130	第一生命	22,500	山一証券	16,030
山一証券	9,730	野村生命	7,570	高橋商事	22,180	○森　　暁	12,700
大阪商事	9,160	安田銀行	7,300	新潟電力	19,000	成歓鉱業	12,100
屋代成美	7,650	千代田生命	4,500	安田保善社	15,856	浜信証券	10,030
上位10株主計	442,000	上位10株主計	401,000	上位10株主計	628,616	上位10株主計	374,190
株主数5,841名	1,000,000	株主数2,116名	600,000	株主数3,333名	1,367,000	株主数1,361名	600,000

（注）○印は森系の株主。　　（宇田川勝『新興財閥』）

力はなく、森矗昶自身が専門経営者や社員の力を借りながら昭和肥料、日本電気工業の二社を通じ、あるいは直接的に、ワンマン・コントロールしておりました。『鈴木三郎助伝・森矗昶伝』は、その点について、つぎのように記しています。

「昭和八、九年頃から昭和十五年頃までの期間における森の多忙さというものがまったく傍でみていられないほどのものであった〔中略〕。彼は疑いもなくその頃日本で一番忙しい人であった。彼の主宰している事業は十指を屈してもたらず〔中略〕、彼は汽車の中で会議を開き、彼の自動車は夜を徹して会津の広田から信州大町まで難路をふっとばし、そのまた翌晩は同じ車で富山県へ抜けるという調子で運転手も堪ったものではなかった。彼は夜中に全国の事業所長に長距離電話をかけるのが癖で〔中略〕、十一時頃から呼びだし始めて朝鮮から北海道まで全部出させるのは容易なことではなく、昭和鉱業株式会社が始まって地方の事業場が十もふえると、森の深夜訊問が終るのは毎日三時におよんだ。毎月長距離料金の納入額は森矗昶が東京中のトップをきっていた」。

森の多忙ぶりとワンマン体制については、彼の女婿で日本電気工業の秘書課長を務めた安西正夫も「私の履歴書」の中で同様のことを記して

安西正夫

います。

また、コンツェルン内において、関係会社の比重が大きかったのは、森矗昶の事業活動が「味の素」の鈴木家の事業展開と密接な関係を有していたことによります。森コンツェルンの支柱会社は昭和肥料、日本電気工業、昭和鉱業、東信電気の四社でしたが、このうち森家の直営事業は日本電気工業と昭和鉱業の二社だけで昭和肥料と東信電気は鈴木家の資本的支配下にあり、森は専門経営者的立場で両社に深く関与していました。

この点について、最近の研究によれば、森コンツェルンの実体は、「味の素」事業を除く鈴木家支配下の企業群と森家の所有する企業群の複合体であり、経営能力に優れた森矗昶が鈴木家の経営意思を汲みながら両企業グループを調整・統率していたと言われています（麻島昭一・大塩武『昭和電工成立史の研究』）。

四、戦時下の森コンツェルン

ボーキサイト=バイヤー法への転換

日本電気工業におけるアルミ国産化の成功は、森コンツェルン形成の画期となったばかりでなく、わが国アルミニウム工業の勃興を導きました。日本電気工業の成功に刺激されて、昭和十（一九三五）年から十二年の間に日本アルミニウム、住友アルミニウム精錬、日本曹達、満州軽金属などがアルミニウム工業に進出します。

日本電気工業は、同業他社をリードし、昭和十二年にはアルミナ一万四〇〇〇トン、アルミニウム五五五九トンを生産する実績をあげます。しかし、日本電気工業は先駆者であるがゆえの苦難に直面し、その解決を迫られました。前述したように、日本電気工業は森矗昶の国産技術・原料によるアルミ国産化理念と政府の国内資源の開発・利用要請を受けて、朝鮮産の明礬石を原料とするアンモニア・ソーダ法とカリ法を採用していました。

しかし、本格的操業に入ると、声山鉱山の明礬石の品質が低下し始め、埋蔵量も過大評価であったことが判明します。しかも、右の製造法では量産効果を期待できず、コスト高になることが明らかになりました。当時、世界的に普及していたアルミナ製造法は、ボーキサイトを原料とするバイヤー法でした。昭和十年に日本電気工業に次いでアルミ事業に進出した日本アルミニウムは、オランダ領ビンタン島のボーキサイトを原料とし、アルミナ製造にバイヤー法、電解にゼノタンベルク法を採用していました。同社は技術的にも経営的にも成功を収め、日本電工のライバルとして台頭して来ていました。それゆえ、日本電気工業は業界のリーダーとしての地位を保持するためにも、また、「時局会社」としての生産拡大要請に応えるためにも、輸入原料・技術であるボーキサイト＝バイヤー法への転換が不可欠でした。

この原料・製造法の転換は国産原料・技術によるアルミ国産化を標榜してきた森矗昶にとって苦痛であり、また、巨額の資金を必要としました。しかし、森はアルミニウム工業進出以来、結びつきを強めていた安田銀行の勧めもあって、原料・製造法の転換を決意します。そして、安田銀行の仲介によって、マレー半島ジョホールのボーキサイト採掘権をもつ石原産業海運と提携すると、昭和十三年三月までに日本電気工業は生産工程をボーキサイトを原料とするバイヤー法に全面転換しました。

この原料・製造法の転換は成功を収め、日本電気工業は業界首位の座を守ることができました。しかし、そのためには国産主義者・森矗昶の「面子」を傷つけたばかりでなく、彼の専断的リーダーシップが制約されるという代償を支払わなければなりませんでした。これを機に安田銀行と石原産業海運が日本電気工業に経営参加を求めてきました。森家の直営事業会社であった日本電気工業においても、矗昶は部外者との意思調整を図る必要に迫られたのです。

昭和電工本社。左にあるのが味の素ビル

昭和電工の成立

森コンツェルンの事業展開と森矗昶のリーダーシップは、戦争の拡大にともなう外部環境によっても、次第に掣肘されていきました。

戦時体制の進展の中で、戦争遂行に直結する軍需産業の拡大・強化が図られる反面、民需産業は圧迫・縮小を余儀なくされました。森コンツェルン内部でも、軍需を背景に増産が要請される成長部門の日本電気工業と、各種肥料統制策によって高利潤を期待できない部門の昭和肥料がありました。そして、経営資源面からみる限り、日本電気工業は資金も電力も不足がちであったのに対し、昭和肥料は資金力に余裕があり、その上、建設中の東信電気新郷発電所から四万キロワットの送電を受ける権利をもっていました。そこで森は、当時国策会社として設立計画が進められていた日本軽金属の出現に対応する必要もあって、日本電気工業、昭和肥料、東信電気の三中核会社を合同し、電力部門を直営とする一大総合化学工業会社を設立する構想を打ち出します。しかし、この森コンツェルン中核三社の合同構想は、東信電気の筆頭株主である鈴木家の反対で同社の参加が見送られ、結局、昭和十四（一九三九）年六月、日本電気工業と昭和肥料の合併による昭和電工の成立だけにとどまります。森の戦時体制への対応戦略であったコンツェルン主力事業の合同による体質強化・合理化策は、原料部門の東信電気が参加せず、結局、「画竜点睛」を欠くものとならざるを得ませんでした。

鈴木忠治

森　暁

森コンツェルンの崩壊

森矗昶は昭和十五（一九四〇）年七月、肥料業界の統制機関として設立された日本肥料の理事長に就任します。同社理事長は、他社役員の兼務を禁じられていました。そこで、森は、昭和電工はもとより、すべての関係会社役員を辞任する決意を固めます。そして、森は昭和電工の後任社長に金融機関のうけのよい相談役の鈴木忠治（三郎助の弟）を推薦して、昭和十五年八月、心血を注いだ同社を去ります。

昭和電工の社長交代と前後して、森コンツェルンは事実上の解体過程に入ることになります。前述した日本電気工業のボーキサイト＝バイヤー法への転換を機に、安田銀行と石原産業海運の発言権が強まると、森矗昶は森興業の直系会社、とくに昭和鉱業、樺太炭業、日本火工の拡充に力を入れ、昭和鉱業の経営を次弟の森輝、樺太炭業のそれを末弟の岩瀬亮、日本火工のそれを長男の暁に統轄させます。

このうち、森が一番力を注いだのは昭和鉱業で、昭和十五年上期末には同社は約五〇〇の非鉄金属鉱区をもち、資産額上位一〇〇社の中で五六位にランクされる規模に達しました。しかし、戦時統制経済の進行の中で、昭和鉱業は資金、資材、労働力難から自主経営が不可能となり、昭和十五年六月、日本興業銀行の斡旋で国策会社の帝国鉱業開

築地本願寺で執り行われた森矗昶の葬儀に参列する人々の列（『昭和電工五十年史』）

発に譲渡されます。石炭自給を目的とした樺太炭業も、昭和鉱業の場合と事情は同じで、昭和一六年八月、北海道炭礦汽船に吸収合併されました。

また、東信電気は昭和電工の設立に参加しなかったことが裏目に出て、昭和十六年十月、国策会社の日本発送電に発送電設備の提供を余儀なくされ、同年末に解散してしまいます。

このように、森矗昶が昭和電工の社長を退任した直後から、原料諸部門の会社を次つぎに手放してしまい、電気化学工業企業集団としての実体を大きく喪失していきます。そして、そうした最中の昭和十六年三月、森は波瀾の五十六歳の生涯を閉じました。

第四章　森矗昶の経営理念と「遺産」

一、森の経営理念

「不撓不屈」の精神

森矗昶の座右の銘は、「不撓不屈《ふとうふくつ》」でした。広辞苑によれば、「困難にあってもひるまず。くじけないこと」の意味です。次頁の「不撓不屈」の額は森の直筆です。雄渾な書体は森の豪気な性格の表れですが、「不撓不屈」の四文字の回りに森は合計十二の署名をしています。この四文字に込めた森の気迫が感じられる額です。

森矗昶の五十六年の生涯は「不撓不屈」の精神で貫かれていました。森は他の新興コンツェルンの創業者と異なって、高等小学校を出ただけで家業のカジメ焼きに従事し、文字通り徒手空拳でヨード事業を立ち上げます。しかし、このヨード事業は第一次世界大戦後の不況の中で蹉跌し、森が主宰する総房水産は鈴木三郎助家が設立した東信電気に吸収合併されます。そして、東信電気で塩素酸カリ事業の責任者となった森は、この

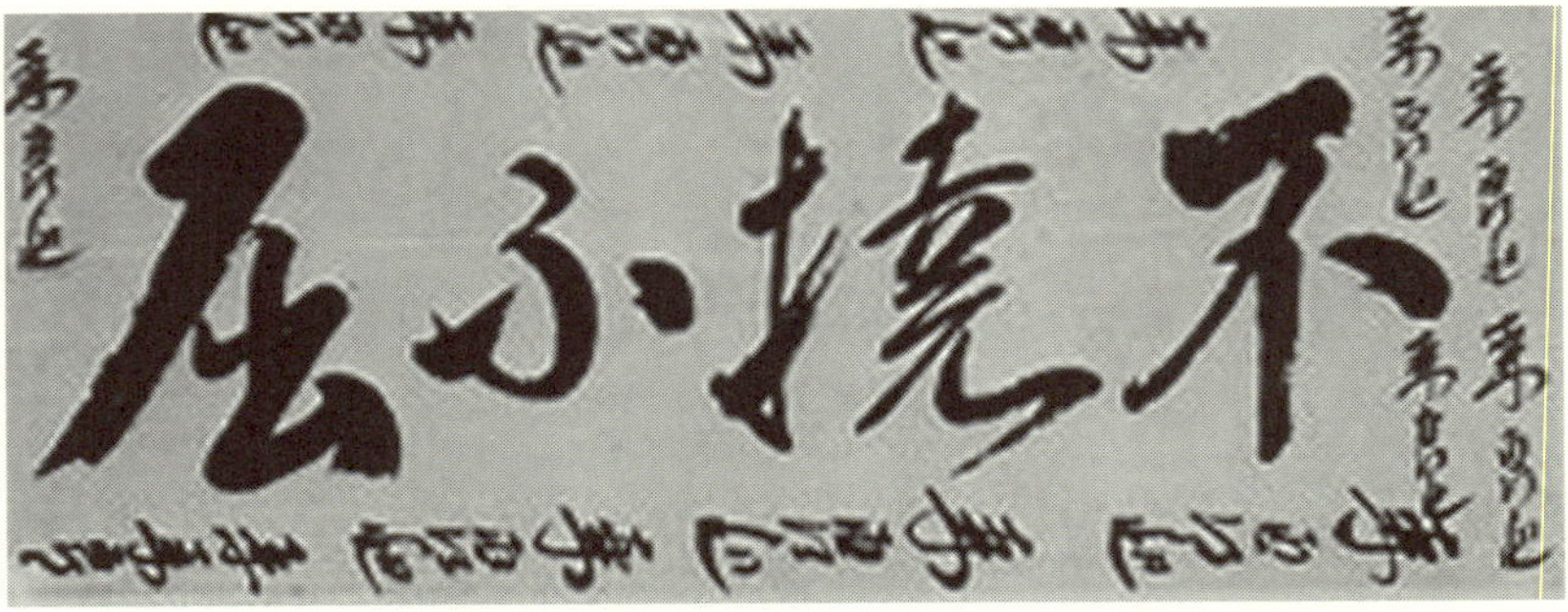

森矗昶の座右の銘「不撓不屈」の額（『昭和電工五十年史』）

事業においてもマッチトラスト・クルーゲルの日本進出によって苦杯を喫し、東信電気は電力販売会社に転身をはからなければなりませんでした。

東信電気の電力消化策として、森は合成硫安事業とアルミニウム精錬事業進出を計画し、その実施に際しては国産技術・原料・機械装置を採用することを発表します。この計画と発表は各方面にセンセーションを巻き起こしますが、当時の世界の技術常識とはかけ離れていて、その成功を信じる者は少なく、森の単なる「大風呂敷」に過ぎないと批判されました。

そうした批判の中で、森は技術陣を叱咤激励する一方、自ら十二回も署名した「不撓不屈」の精神によって陣頭指揮し、昭和肥料において、化学工業界の常識では不可能視されていた国産技術と国産機械装置によるアンモニア合成に成功し、さらに日本沃度では、困難視されていたアルミニウム工業国産化の一番乗りを見事に果たします。

この両事業での国産化成功は、森矗昶をわが国化学工業の先駆者の一人としただけでなく、新興財閥森コンツェルン形成の端緒を切り開きました。

昭和肥料川崎工場の6000kW回転交流機（昭和６年）

輸入品防遏と国産メーカーの支援

先に見たように、森矗昶の多角化行動の原点は「水力電気の原料化」にあり、その目標は「電気を原料とする製品の輸入防遏」でした。森は昭和肥料での国産技術・機械によるアンモニア合成および硫安の生産と日本沃度でのアルミニウム工業の国産化に成功すると、塩素酸カリ、過塩素酸アンモン、フェロシリコン、金属珪素などの電気を原料とする製品の国産化に取り組み、それら製品の輸入防遏を次つぎに実現していきました。

森のそうした事業行動について、当時、商工省工務局長の岸信介（のちの内閣総理大臣）はつぎのように語っています。

「森矗昶氏（は）、役人であった我々の眼から見ても、実に類いまれなる事業家であった。森氏は必需品の輸入防遏ということが最大の念願であったようだ。塩素酸加里をやる。過塩素酸アンモンをやる。アランダムやカーボランダムをやる。重要輸入品表の中から、次はこれ、次はこれ、と一つずつ抹消してゆ

昭和肥料川崎工場の１万Ａ水電解槽

くことに異常な情熱を抱いていた人であった。『次には岸さん、何を防遏しようか』というようなことをいってこられた。まるで商工省の工務局へ御用聞きに来るような按配であった。金銭上の営利などは殆んど眼中にないようにみえた。三井三菱の財力をもってしても手のでない国産アルミニウムが、このようにして森氏の手で凱歌をあげたことは、日本中の喜びであった。

森氏は昭和肥料の硫安工業を、国産のパテント、国産の機械でものにされた。それは当時の日本の工業界としては革命的な壮挙であった。昭和肥料の巨額の注文は日立製作所や戸畑鋳物としても全く経験のない新規なものであったが、当時不況に悩む重工業界は、逆に森さんの方から鞭撻激励されてこの仕事に取組んで遂に有終の美をおさめた。それが日本の工業技術を一段と飛躍させる機縁を作ったことは有名な話だ。森さんは化学工業のレベルをひき上げると同時に、機械工業の水準をも躍進させた大功労者であった（『鈴木三郎助・森矗昶伝』の月報「民族永遠の財産を」）。

事実、昭和肥料から合成硫安生産設備の水電解槽の大量発注を受けた日立製作所は、社史の中でそのことをつぎのように記述しています。
「昭和肥料の専務（森矗昶―引用者）から日立でやってくれるなら頼むと、絶対の信頼をもって申し込んで来た［中略］。昭和六年六月遂に電解槽二五〇〇台を完成し、同時に一〇台の回転交流機を納めて、肥料製造に着手することを得しめたのである。この事業の成功は全く無経験な化学装置で得た経験であるが、当社をして技術的に至難な仕事に際会した時の心構えと、強力な自信を持ち得させ、また、この事業によって昭和の経済危機を突破することができたのである（『日立製作所史』第一巻）。

二、森の「遺産」

昭和電工の苦難と発展

森コンツェルンは戦争経済の進行の中で、東信電気、昭和鉱業、樺太炭業などの主力企業を手放し、企業集団としての実体を喪失させていきました。しかし、中核企業の昭和電工自体は肥料事業部門を縮小させたものの、アルミニウム、フェロアロイなどの軍需関連事業の拡大によって、敗戦時まで事業の肥大化は続きました。

敗戦後、昭和電工は軍需会社から民需会社への転換を図らなければなりませんでした。

その転換に際して、同業他社に比べて、爆撃による工場被害が比較的軽く、また、海外事業進出が少なかったことが、昭和電工に有利に作用します。そして、何よりも、食料増産のため肥料工業の復旧が重要な政策課題になったことは、昭和電工の前途を明るいものにしました。昭和電工は終戦直後に川崎工場の復旧を決定し、昭和二十（一九四五）年十二月には早くも電解法による硫安の生産を再開しました。そして、昭和電工は産業復興営団や復興金融公庫*から融資を受け、肥料増産を中心とする復興計画を策定します。

しかし、そうした矢先、昭和二十二年一月、ＧＨＱの公職追放指令によって、昭和電工のトップマネジメント体制は混乱し、その上、部外者の経営乗っ取り策に端を発する大疑獄事件の舞台となり、昭和電工は経営存亡の危機を迎えます。その原因は二つありました。その一つは昭和電工が戦争末期に実施した経営陣の刷新が裏目に出たことです。昭和電工は、昭和二十年五月、戦争末期の混乱に迅速に対応するため、鈴木忠治社長が退陣し、森暁（矗昶の長男）社長、安西正夫（矗昶の女婿）専務、鈴木治雄（忠治の五男）常務を中心とする若手経営陣体制を敷きました。しかし、終戦わずか三ヵ月前に断行したこの経営陣の若返り策が仇となり、昭和二十二年一月、右の三人をはじめとする昭和電工の経営陣の多くは追放されてしまいます。

そして、二つ目の原因として、昭和電工のこうした経営陣の空白の隙間を突いて、ＧＨＱ、持株会社整理委員会の一部関係者が復興資金の獲得が可能な同社の乗っ取りを画

復興金融公庫
昭和二十二（一九四七）年に、戦後日本経済復興のために必要な資金を供給する目的で設立された全額政府出資の臨時的な特殊金融機関。日本が独立を回復した昭和二十七年に解散した。

策し、昭和二十二年三月、森暁の後任社長として、日本水素工業社長の日野原節三郎を強引に就任させたことにありました。日野原は森・鈴木系の役職員の多くを辞任させて、昭和電工の実権を把握すると、復興金融公庫から肥料工場の復興・拡張資金としてすでに承認されていた一三億五四四一万円の融資分に加えて、新たに追加融資分一二億八四二三万円を申請し、昭和二十二年十二月までに総額二六億三八四二万円の融資許可を得ます。

しかし、昭和二十三年一月、この追加融資分について贈収賄の疑惑が持ち上がり、同年六月、日野原社長は逮捕されてしまいます。捜査の結果、追加融資をめぐって政・官・財界にわたる広範囲な贈収賄事件が明らかになって、各界の大物が相次いで逮捕され、十月には芦田均内閣が総辞職する大疑獄事件に発展します。

この大疑獄事件の発生によって、昭和電工の戦後再建策は出ばなを大きく挫かれます。そして、日野原社長退陣後、部外者の社長―永井清次、石川一郎、佐竹次郎―が三代続きます。このうち、永井と石川は持株会社整理委員会の推薦によって社長に就任しました。昭和電工は昭和二十一年に制限会社*の指定を受け、同整理委員会の監督下に置かれていたからです。ただ、この間、昭和電工経営陣の次代のエースである鈴木治雄が昭和二十六年に常務に、同二十八年に安西正夫が専務に復帰します。そして、昭和三十年には生命保険業界出身の佐竹社長のもとで安西が副社長、鈴木が専務に就任し、さらに

制限会社
第二次世界大戦後の財閥解体にともなう措置として、資本金五〇〇万円以上の会社で、大蔵大臣の指定により財産の売却、贈与その他の権利の移転を制限されたもの。

同三十四年一月、佐竹社長が死去すると、安西が社長に鈴木が副社長に昇格しました。以後、この安西＝鈴木体制が昭和四十六年まで続きます。

安西正夫は創業社長森矗昶の女婿で、東京帝国大学卒業後、鐘淵紡績を経て昭和六年に日本沃度に入社し、森の秘書役を務めた経験をもつ経営者でした。また、鈴木治雄は昭和電工二代目社長の鈴木忠治の五男で、東京帝国大学卒業後、野村合名を経て昭和十四年に昭和電工に入社し、森が媒酌人を務めていました。

高度経済成長期に森矗昶、鈴木忠治の薫陶を受けて成長した安西と鈴木のコンビ経営体制が成立したことは、昭和電工にとって幸いでした。

安西と鈴木は創業社長森矗昶の「不撓不屈の精神」の旗印を大きく揚げて、①アルミニウム部門の世界的規模への拡大、②石油化学工業部門への積極的提出、③肥料部門偏重の是正と合理化、の「三兎を追う」経営方針を打ち出し、世界の代表的化学工業会社への発展を目指して積極果敢な経営行動を推進します。その結果、高度経済成長の中で昭和電工は成長を続け、オイル・ショック*によって高度成長が終焉した昭和四十七年下期には鉱工業資産額上位一〇〇社の中で三一位にランクされる会社に発展しました。

また、森矗昶の長男暁は財界追放解除後、昭和電工には復帰しませんでしたが、昭和二十四年に森家直営の日本火工の後身である日本冶金工業の社長に就任し、同社を日本で唯一のステンレスの一貫メーカーとして発展させました。

オイル・ショック
一九七三年の第四次中東戦争を機にアラブ産油国が原油の減産と大幅な値上げを行い、石油輸入国に深刻な打撃を与えた事件。

陣笠

本来、陣笠とは戦国時代に足軽や雑兵などの下級武士が陣中で兜の代わりにかぶった笠のことをいう。今日では、議会の採決において所属する政党や大物政治家の挙手要員となっている政治家を陣笠議員と呼んでいる。

強固な政治地盤の形成

森矗昶は戦後の高度経済成長を索引した昭和電工、日本冶金工業などの有力企業だけでなく、強固な政治地盤を「遺産」として残しました。父為吉に似て政治好きの森は事業活動のかたわら、大正十三（一九二四）年に郷里の千葉県第三区から衆議院議員選挙に立候補して当選して以後、三期連続当選を果たします。森は政友会に所属していましたが、議会で一回も演説も質問もしたことがなく、「陣笠*会」の領袖を自認していました。しかし、面倒見のよい森は政友会所属議員だけでなく他党の議員の資金的世話も良くして政界での人脈を広げ、郷里の振興に尽力しました。

森矗昶の選挙区での人気は抜群で毎回トップ当選を果たします。そして、引退後、森の選挙地盤は実弟岩瀬亮、長男暁、次男清、三男美秀に引き継がれて、彼らも衆議院議員となり、現在は孫の英介（美秀の長男）が衆議院議員を務めています。また、森は青年代議士三木武夫の将来性を認めて二女睦子を嫁がせます。三木は政治家として大成し、戦後、第六十八代内閣総理大臣となりました。

おわりに

産業開拓活動と一番乗りの論理

鮎川義介、野口遵、森矗昶の企業家活動は二つの「顔」をもっていました。一つは産業開拓者としての「顔」であり、もう一つはコンツェルン形成者としての「顔」でした。この二つの「顔」は彼らの企業家活動において、前者の産業開拓活動によって誕生した多数の企業群を統轄管理するガバナンス機構として、後者のコンツェルン組織が採用・形成されたという側面と、前者の産業開拓活動を可能にし、それを成功裡に実現するために後者のコンツェルン組織が採用・活用されたという側面を有していました。

言葉を換えて言えば、前者の産業開拓活動は「戦略」、後者のコンツェルン形成活動は「組織」の機能を担っており、彼らの企業家活動の中では、「組織」は「戦略」にしたがって形成され、他面、「組織」が「戦略」を規定し、その遂行を可能にするという関係にありました。

ところで、わが国の経済発展は、近代産業の導入・自立→国産化・輸入防遏→輸出産業化という、一連のプロセスを経て達成されました。こうした近代産業の発展プロセスに果敢に挑戦した企業経営者の経営理念は、近代産業の自立と国産化の実現を通じて、国家社会に貢献したいという、経営ナショナリズム[*]動機と、それを一番乗りで達成し、自社と自身の社会的名声や地位を高めたいという、個人的向上心をベースにしていました（森川英正『日本型経営の展開』）。

第一次産業革命を達成した日本にとって、明治末年から両大戦間期にかけて重要な産業課題は第二次産業革命を進展させて産業構造の高度化を図ることでした。とくに政府は次世代の戦略産業として、機械工業分野で自動車、化学工業分野で合成硫安、金属工業分野でアルミニウムの国産化を重要政策目標としていました。そのため、商工省[*]は昭和四（一九二九）年に同省諮問機関の国産振興委員会に、この三新興戦略産業の自立方策を諮問し、同時に三井、三菱、住友などの大財閥にこれらの産業分野進出を打診します。しかし、昭和初年の相次ぐ恐慌の発生と外国製品や外国企業の日本市場進出の中で、国産振興委員会は有効な政策提言を行うことができず、大財閥もリスキーな産業分野進出に消極的でした。

そうした状況の中で、この三戦略産業の国産化実現に名乗りを上げたのは、本書で詳しく見たように、自動車工業分野では鮎川義介、合成硫安工業分野では野口遵、アルミ

経営ナショナリズム
近代日本の企業家活動のバックボーンとなった経営理念で、「国益志向的理念」とも呼ばれる。近代日本の最高国家目標である「富国」を産業自立という意識でとらえた企業経営者が、自らの事業活動を通してその実現に貢献しようとするナショナリスティックな心情をいう。

商工省
大正十四（一九二五）年に農商務省を分割して設立された、商工業行政を所管する省庁。戦時中に軍需省と改称されたが、戦後すぐに商工省に復帰し、昭和二十四（一九四九）年に通商産業省に改組され、平成十三（二〇〇一）年に中央官庁再編によって経済産業省となった。

ニウム工業分野では森矗昶でした。この三人の企業家は多くの困難な課題を持ち前の旺盛な企業家精神と革新的な行動によって次つぎに打破・解決し、それぞれの分野で国産化一番乗りを達成し、わが国産業開拓史上に大きな足跡を残しました。そして、この三人は国産化一番乗りの成功で手にした名誉と実績を「テコ」に関連事業分野に進出し、あるいは事業範囲網を一段と拡大することで、昭和戦前期の日本経済を牽引するコンツェルン形成者の道を邁進します。

コンツェルン形成活動

主要財閥は明治末年から大正期にかけて、多角的事業経営体に適合的な経営組織の構築に着手します。財閥の組織化の先陣を切り、そのモデルを提供したのは三井財閥でした。三井は明治四十二(一九〇九)年に同族十一家の全額出資による三井合名会社を設立する一方、三井銀行、物産・鉱山などの直系企業を株式会社に改組し、前者の三井合名が持株会社として後者の事業会社の株式を排他的に所有して、それらの事業活動を統轄管理するガバナンス体制を採用します。そして、他の財閥も三井にならって、同族出資の持株会社を整備・設立し、あるいはそれと前後して直系企業や事業を株式会社化することによって、大正末年までにコンツェルン体制を形成していきました。各財閥が組織化にあたって、コンツェルン形態を採用した理由として、①節税対策、②所有と経営の合理化、③同族資産の効率的運用と保全、④資金調達の多様化と支配資本の節約、⑤役職員ポストの確保、などが指摘できます。

本来、コンツェルン組織採用の積極的意義は、右の④の理由、すなわち株式会社システムを活用して株式市場から社会的資金を動員し、「より少ない所有での支配」を図ることに求められます。しかし、各財閥とも傍系会社網の形成の際には、株式会社機能を活用しましたが、直系会社で株式公開に踏み切った企業は少数であり、持株会社に関しては、事業内容の公開を嫌って浅野財閥以外は合名・合資会社形態を採用しました。その意味で、この時期の各財閥のコンツェルン形成活動は大きな限界を有していたと言うことができます（橘川武郎『日本の企業集団』）。

そうしたコンツェルン形態の限界を打破しコンツェルン本来の機能である社会的資金の動員とより少ない所有での傘下企業群の支配体制構築を目指したのが、一九三〇年代に急成長を遂げて主要財閥に匹敵、あるいはそれを上回る多角経営体を形成した新興コンツェルンでした。本書で紹介してきたように、新興コンツェルンの本社あるいは中核企業は資金調達のために株式を公開して社会的資本の動員に努め、また、社債発行や各種金融機関からの借入金を盛んに行いました。新興コンツェルンにとって、そうした外部資金の調達は、事業展開上の当然の帰結でした。彼らは内部資金の蓄積が不十分のまま、巨額の資金を必要とする重化学工業分野進出を敢行し、同時にコンツェルン形成を企図したからです。

換言すれば、新興コンツェルンの創業者は重化学工業分野の産業開拓活動を遂行する手段として、コンツェルン形態を採用し、その機能を積極的に活用しました。日産の場合、公開持株会社日本産業を頂点とするコンツェルン体制は、巨額の大衆株主資金の動員を可能にするとともに、株式交換を中核とする既存企業の合併・買収（M&A）戦略を展開する手段でした。また、日窒の場合、主力事業会社をコンツェルン組織のもとで日本内地と朝鮮に合理的に配置し、後者の植民地税制を巧みに利用して事業収益を蓄積し、それをコンツェルン内部で操作して事業拡大資金に充当しました。そして森の場合は、外部資金調達を可能とするコンツェルン形態を採用することで、オーナー的立場にあった「味の素」の鈴木家や東京電燈の資金支配力を弱体化させ、森矗昶の自律的活動を可能にしました。

新興コンツェルンが先鞭をつけたコンツェルン本来の意義の積極的活用は、やがて大財閥によっても模倣・追随されることになります。昭和初年の不況進行とそれにともなう社会不安の拡大の中で、肥大化した大財閥の封鎖的な所有・支配型のビジネスモデルに対する批判が高まり、昭和七（一九三二）年に三井財閥のトップ経営者団琢磨が暗殺されるという事態を招いてしまいます。各大財閥とも反財閥の嵐から自己を守るため、

「財閥の転向策」をとり、同族経営者の引退、巨額寄付金の提供、傘下企業株式の公開・売出し、などを主内容とする改革策を断行します。さらに大財閥は戦時体制の進展にともなう重化学工業分野への進出要請に応えるために株式公開企業の範囲を傍系会社から直系会社に拡大し、合わせて本社機構の株式会社化とその一部株式公開まで実施します。

以上のような戦時体制下での大財閥のビジネスモデルの変容によって、彼らの企業集団の公開度は一段と高まりました。その意味で、重化学工業分野のパイオニアを目指して公開企業集団の形成に注力した新興コンツェルンの創業者は、大財閥の「転向」と「改組」を先取りした、重化学工業時代に適合的な企業グループ経営の「組織革新者」であったと見ることもできます。

新興コンツェルンが台頭し始めると、当時のジャーナリズムは彼らを既成の主要財閥のライバルと見なし、新興財閥と呼びました。新興財閥の名称は今日でも広く使用されています。しかし、鮎川義介、野口遵、森矗昶に代表される新興コンツェルン創業者は、「同族あるいは家族が封鎖的所有・支配を指向した多角的事業体」と定義される財閥の形成を企図していませんでした。彼らが「一人一業経営」に専念するか、あるいは多角的事業経営体の範囲を限定すれば、多額の役員報酬や配当金収入を利用して自社株式所有を増やし、たとえ封鎖的支配度は低くとも、主宰する主力企業あるいは企業集団を所有・支配する道をとることも可能でした。しかし、彼らにはそうした意図はありませんでした。彼らの念願は国産化が待望される重要産業の産業開拓活動の一番乗りを果たすことであり、そのための手段としてコンツェルン形成の道を選びました。彼らが設立した会社の社名に家名ではなく「日本」「昭和」と名付けたのは、新興コンツェルン「創業者たちの心意気とナショナリスティックな心情」の表れであったと言われています（安岡重明『財閥の経営史』）。

新興コンツェルンの教訓

新興コンツェルン創業者は、日本経済が自由主義を基調として運営されていた明治末年から大正期にかけて事業活動に着手しました。そして、彼らは新興重化学工業分野の産業開拓活動とコンツェルン形成活動に邁進し、第二次産業革命の有力経営主体となりました。しかし、一九三〇年代後半以降、日本経済が戦時体制に移行するにともない、新興コンツェルン創業者の企業家活動は、事業規模の拡大とは裏腹にかつての勢いと輝きを失い、コンツェルン経営自体も弱体化の様相を見せ始めます。日本経済の統制強化によって、彼らの企業家精神溢れた自由で革新的な事業活動が大きく制約・束縛されていったからです。そして、戦争経済の深まりの中で、森矗昶と野口遵は死去し、鮎川義介も第二次世界大戦後は日産コンツェルンの経営から離れ、ベンチャーキャピタリスト、政治家として中小企業助成活動に挺身します。しかし、彼らが創業した企業や形成した企業集団グループの企業は第二次大戦後も、その多くが生き残って成長を続け、日本経済の復興と高度経済成長の体現者として活動し、日本の「経済大国化」の牽引役を担いました。

今日、二十一世紀に入り、日本経済には混迷と不透明な状況を打破し、新しい事業の創出とそれを可能にする斬新なビジネスモデルの構築が求められています。私たちが、新しい事業を開拓し、ユニークな発想のもとにコンツェルン経営を実践した鮎川義介、野口遵、森矗昶の三人の企業家活動から学ぶべき教訓は多いと思われます。

参考文献

■新興コンツェルン関係
高橋亀吉・青山二郎『日本財閥論』(『日本コンツェルン全書』第一巻、春秋社、昭和十二年)
三宅晴輝『新興コンツェルン読本』(『日本コンツェルン全書』第六巻、春秋社、昭和十二年)
持株会社整理委員会編『日本財閥とその解体』全二巻(昭和二十六年)
安岡重明『財閥の経営史』(日本経済新聞社、昭和五十三年)
E・M・ハードレー(小原敬士・有賀美智子監訳)『日本財閥の解体と再編成』(東洋経済新報社、昭和四十八年)
宇田川勝『新興財閥』(日本経済新聞社、昭和五十九年)
宇田川勝「財閥間競争とその帰結」(宇田川勝・佐々木聡・四宮正親編『失敗と再生の経営史』有斐閣、平成十七年)
橘川武郎『日本の企業集団』(有斐閣、平成八年)
岡崎哲二『持株会社の歴史─財閥と企業統治』(筑摩書房、平成十一年)
下谷政弘『新興コンツェルンと財閥』(日本経済新聞社、平成二十年)

立松潔「新興財閥」（中村正則『体系日本現代史』四、日本評論社、昭和五十四年）
大塩武「新興コンツェルン」（『社会経済史』第四十七巻第六号、社会経済史学会、昭和五十六年）
下谷政弘『日本化学工業史論』（御茶の水書房、昭和五十七年）
志村嘉一『日本資本市場分析』（東京大学出版会、昭和四十四年）
森川英正『日本型経営の展開』（東洋経済新報社、昭和五十五年）
森川英正『日本型経営の源流』（東洋経済新報社、昭和四十八年）
森川英正『財閥の経営史的研究』（東洋経済新報社、昭和五十五年）
渡辺徳二編『化学工業』上（『現代日本産業発達史』第十三巻、交詢社、昭和四十三年）
自動車工業振興会編・刊『日本自動車工業史口述記録集』（昭和五十年）

■鮎川義介
〔著書・論文〕
和田日出吉『日産コンツェルン読本』（『日本コンツェルン全書』第四巻、春秋社、昭和十二年）
日笠良太郎『日産進出と満州重工業問題』（日本外交協会、昭和十三年）
原朗「『満州』における経済統制策の展開―満鉄改組と満業設立をめぐって―」（安藤良

雄編『日本経済政策史論』下、東京大学出版会、昭和五十一年）
栂井義雄「満業（満州重工業開発株式会社）傘下企業の生産活動」（『松山商大論集』第三十一巻第二号、松山商科大学、昭和五十五年）
鮎川義介『新資本主義と持株会社』（東京銀行集会所、昭和九年）
井口治夫「戦後初期日本の経済政策と日米関係―鮎川義介の戦後復興構想を中心に―」（川田稔・伊藤之雄編『二〇世紀日米関係と東アジア』風媒社、平成十四年）
宇田川勝『春光グループの歴史コラム』（春光懇話会事務局、平成二十一年）
宇田川勝「日産財閥形成過程の経営史的考察」（『経営史学』第六巻第三号、経営史学会、昭和四十七年）
宇田川勝「日産財閥の満州進出」（『経営史学』第十一巻第一号、経営史学会、昭和五十一年）
宇田川勝「日産財閥の自動車産業進出について」（上）（下）（『経営志林』第十三巻第四号、第十四巻第一号、法政大学、昭和五十二、五十三年）
宇田川勝「日産財閥の経営組織」（上）（下）（『経営志林』第二十五巻第四号、第十六巻第一号、法政大学、昭和五十四年）
宇田川勝「久原房之助―『大正財閥』形成者の企業経営活動―」（由井常彦ほか『日本の企業家』2、有斐閣、昭和五十三年）

宇田川勝「鮎川義介の産業開拓活動」（森川英正・由井常彦編『国際比較・国際関係の経営史』（平成七年、名古屋大学出版会）
宇田川勝「鮎川義介　回顧と展望（稿本）」（一）～（五）（『経営志林』第四十二巻第一～四号　同四十三巻第一号、法政大学、平成十七～十八年）

〔社史・伝記・その他〕

共立企業株式会社編・刊『共立企業株式会社及関係事業概要』（大正十三年）
日本産業株式会社編・刊『日産及関係会社事業要覧』（昭和十一年）
守田鉄之助編『戸畑鋳物株式会社要覧』（同社、昭和十年）
日本鉱業株式会社編・刊『五十年史』（昭和三十一年）
株式会社日立製作所編・刊『日立製作所史』一巻（昭和二十四年）
日産自動車株式会社編・刊『日産自動車三十年史』（昭和四十年）
久原房之助翁伝記編纂会編『久原房之助』（日本鉱業、昭和四十五年）
和田日出吉『鮎川義介』（春秋社、昭和十三年）
小島直記『鮎川義介伝』（日本経営出版会、昭和四十二年）
小沢親光『鮎川義介伝』（山口新聞社、昭和四十九年）
佐々木義彦編『鮎川義介追想録』（鮎川義介先生追想録編纂刊行会、昭和四十三年）

小平浪平翁記念会編『小平さんの想ひ出』（日立製作所、昭和二十七年）
鮎川義介『私の体験から気付いた日本の尊き資源』（パンフレット、久原鉱業、昭和三年）
鮎川義介『物の見方考え方』（実業之日本社、昭和十二年）
鮎川義介『百味箪笥―鮎川義介随筆集』（愛蔵本刊行会、昭和三十九年）
鮎川義介「私の履歴書」（『私の履歴書・経済人』第九巻、日本経済新聞社、昭和五十五年）
高碕達之助集刊行会編『高碕達之助集』上・下巻（東洋製罐、昭和四十年）

■野口　遵
〔著書・論文〕
大塩武『日窒コンツェルンの研究』（平成一年、日本経済評論社）
下谷政弘「日本窒素肥料㈱と多角化の問題」（『大阪経大論集』第一一二号、大阪経済大学、昭和五十一年）
下谷政弘「日窒コンツェルンと合成硫安工業」（大阪経大論集』第一一四号、大阪経済大学、昭和五十一年）
大塩武「日窒コンツェルンの成立と企業金融」（『経済論集』第二十七号、明治学院大学、

昭和五十二年）
大塩武「日窒コンツェルンと朝鮮窒素肥料」（『経済研究』第四十九・五十号、明治学院大学、昭和五十三年）
大塩武「日本窒素肥料と朝鮮窒素肥料の企業金融」（『経済研究』第六十号、明治学院大学、昭和五十五年）
大塩武「黎明期日本の化学工業と野口遵」（『化学史研究』第二十九巻第二号、化学史学会、平成十四年）
大塩武「野口遵の戦略思想」（『経済研究』第一二六号、明治学院大学、平成十五年）
長沢康昭「日窒カザレー法工業化についての一考察」（『商学論究』第二十三巻第一・二号、関西学院大学、昭和五十年）
小林英夫「一九三〇年代日本窒素肥料株式会社の朝鮮への進出について」（山田秀雄編『植民地経済史の諸問題』アジア経済研究所、昭和四十八年）
脇村義太郎「電気化学工業の先駆者・野口遵」（『脇村義太郎著作集』第2巻、日本経営史研究所、昭和五十年）
中村青志「野口遵—巨大電気化学コンビナート建設」（森村英正ほか『日本の企業家』三、有斐閣、昭和五十三年）
日本窒素肥料株式会社編・刊『日本窒素肥料事業大観』（昭和十二年）

日本窒素肥料株式会社編・刊『日本窒素事業概要』（昭和五年、十五年）
旭化成株式会社編・刊『旭化成八十年史』（平成四年）
積水化学工業株式会社編・刊『参拾年の歩み』（昭和五十二年）
鴨居悠『野口遵―人間と事業』（東晃社、昭和十八年）
吉岡喜一『野口遵』（フジ・インターナショナル・コンサルタント出版部、昭和三十七年）
柴村羊吾『起業の人・野口遵伝』（有斐閣、昭和五十六年）
清水洋「新日本窒素肥料株式会社の石油化学進出と水俣病問題―目的と手段の非一貫性―」（『経営史学』第三十五巻第二号、経営史学会、平成十二年）
矢作正「戦後チッソ史　一九四五―五五」（『浦和論叢』第十四号、浦和短期大学、平成七年）
矢作正「新日本窒素の石油化学転換と水俣病」（『経営史学』第三十六巻第三号、経営史学会、平成十三年）
高梨光司編『野口遵翁追懐録』（野口遵追懐禄編纂会、昭和二十七年）
秋津裕哉『わが国のアルミニウム製錬史にみる企業経営上の諸問題』（建設資料研究社、平成七年）
福本邦雄『野口遵は生きている』（フジ・インターナショナル・コンサルタント出版部、

昭和三十九年）
永塚利一『久保田豊』（電気情報社、昭和四十一年）
市川保明『市川誠次伝』（文信堂、昭和四十九年）
佐々木保編「特集・興南工場」（『化学工業』昭和二十六年七月号、小峰出版社）
鎌田正二『北鮮の日本人苦難記―日窒興南工場の最後』（時事通信社、昭和五十年）
河野司編『海南島―石碌鉱山開発誌』（石碌鉱山開発誌刊行会、昭和四十九年）
鎌田正二編『日本窒素史への証言』第一～第二十二集（「日本窒素史への証言」編集委員会、昭和五十三年～平成九年）

■森　矗昶
〔著書・論文〕
麻島昭一・大塩武『昭和電工成立史の研究』（日本経済評論社、平成九年）
麻島昭一『企業再建整備期の昭和電工』（学術出版会、平成十八年）
三上敦史「旧財閥と新興財閥の化学工業―住友化学と昭和電工を中心として―」（安岡重明編『財閥史研究』日本経済新聞社、昭和五十四年）
橋本寿朗「戦間期の化学工業―硫安工業を中心にして」（『神奈川県史』各論編（2）産業・経済、神奈川県、昭和五十八年）

長島修「森コンツェルンの成立とアルミニウム国産化の意義―アルミニウム精錬業発達史序説―」（『よこはま』第四号、市史研究、平成二年）
大塩武「森矗昶とアルミニウム事業」（『経済研究』第一〇五号、明治学院大学、平成八年）
大塩武「日本電工の財務に関する一考察」（大塚勝夫編『経済史・経営史研究の現状』三嶺書房、平成八年）
麻島昭一「鈴木・森企業集団の人的側面」（『専修大学経営研究所報』第一一八号、専修大学、平成八年）

〔社史・伝記・その他〕
昭和電工株式会社編『川崎工場史』（稿本、印刷年不詳）
昭和電工株式会社編『昭和電工秩父工場史』（同社秩父工場、昭和三十七年）
昭和電工株式会社編・刊『昭和電工五十年史』（昭和五十二年）
味の素株式会社編・刊『味の素株式会社社史』第一巻（昭和四十六年）
味の素株式会社編・刊『味の素グループの百年』（平成二十一年）
森田英晃『森矗昶―捨身主義』（金星堂、昭和十三年）
木村毅『白い石炭―森矗昶とその事業―』（四季社、昭和二十八年）

石川悌次郎『鈴木三郎助伝・森矗昶伝』（東京書館、昭和二十九年）
三鬼陽之助『ある経営者の生涯—昭和電工に殉じた安西正夫』（サンケイ新聞社、昭和四十八年）
安西正夫追想録編集委員会編・刊『安西正夫追想録』（昭和四十八年）
安西正夫『アルミニウム工業論』（ダイヤモンド社、昭和四十六年）
安西正夫『事業人の眼』（実業之日本社、昭和三十九年）
安西正夫「私の履歴書」（『私の履歴書・経済人』第十三巻、日本経済新聞社、昭和五十五年）
故鈴木三郎助君伝記編纂会編・刊『鈴木三郎助自伝』（昭和七年）
鈴木三千代編『鈴木忠治—小伝と追憶』（昭和三十一年）
昭和肥料株式会社編・刊『国策上より見たる窒素工業・其他』（昭和十年）

■写真提供・取材協力（順不同、敬称略）

日産自動車株式会社

新日鉱ホールディングス株式会社

日立金属株式会社

鮎川雅子

春光懇話会

日立インターメディックス株式会社

財団法人野口研究所

昭和電工株式会社

情熱の日本経営史シリーズ刊行の辞～今なぜ、日本の企業者の足跡を省みるのか

本シリーズでは、日本の企業と産業の創出を担った企業者たちの活動を跡づけている。企業者とは、一般に、経済や産業の大きな進展をもたらす革新、すなわちイノベーション（innovation）を成し遂げた人々をいう。ソニーの創業者である井深《いぶか》大《まさる》氏は、「インベンション（invention）というのは新しいものを作ればそれでよいが、イノベーションという場合は、作られたものが世の中の人々に大きく役立つものでなければならない」と述べた。日本の企業者の多くは、幕末・維新期以来、今日にいたるまで、自らの事業の創業やその新たな展開に際して、その営みが「世の中の役に立つこと」であるか否かを判断の要諦としてきたといってよい。そして、そうした社会への貢献を尊重する企業者の気高い思想こそが、日本におけるビジネスの社会的地位を向上させることになった。社会的に上位に置かれた企業者は、内発的な信条としても、また他者からの期待としても、その地位に応じた人格の錬磨と倫理性と、より大きな指導力の発揮を求められるようになった。いわば、企業者の社会的役割に対する期待値が、高められることとなったのである。

企業者に求められる指導力とは、財やサービスの提供主体たる企業組織の内にあっては、技術の進化と資本の充実をはかりながら、人々の情熱やエネルギーを高めて結集させることであり、そうした組織能力向上のためのマネジメント・システムを発展させることであったろう。他方、企業の外に向けては、あらゆる利害関係者（ステークホルダー）に対して、提供する財やサービスはもとより、それを生み出す自らの活動と牽引する企業組織が、いかに社会に役立つものであるかということをアピールすることが、まずもって必要とされた。そして、さらに、自らの企業者活動が、日本の国力の増大に貢献することを希求した。

ところで、そうした企業者の能力がいかに蓄積され、形成されたかという面をみると、本シリーズで取り上げた多くの企業者にいくつかの共通点を見いだすことができよう。家庭や学校での教育や学習、初期の失敗の経験、たゆまぬ克己心と探求心、海外経験や異文化からの摂取、他者との積極的なコミュニケーション、芸術や宗教的なもの（the religious）への強い関心、支援者やパートナーの存在、規制への反骨心、などである。これらの諸要素が企業者の経営理念を形成し、それを基礎に経営戦略やマネジメントの方針が構想されたとみられよう。

二十世紀末から今日に至る産業社会は、「第三次産業革命」の時代といわれる。大量の情報処理と広範囲の情報交換の即時化と高度化を特徴とするこの大きな変革は、今なお進展中である。時間と空間の限界を打破し続けるこの新たな変動のなかで、経営戦略はさらにスピードを求められ、組織とマネジメントはより柔軟な変化が求められてゆくであろう。そして、新たな産業社会の骨幹たる情報システムの進化のために、従来にもまして、人々の多大な叡智とエネルギーの結集が必要となってゆくであろう。と同時に、広範囲におよぶ即時の見えざる相手とのビジネス関係の広がりは、金融不祥事やライブ・ドア・ショックにみられるように、大きな危険をはらんでいる。こうした大きなリスクをはらんだ変革期の今日だからこそ、企業者や企業のあり方があらためて問い直されているのである。

本シリーズは、こうした分水嶺にあって、かつて日本の企業者がいかにその資質を磨き、いかにリーダーシップを発揮し、そしていかなる信条や理念を尊重してきたのかを学ぶことに貢献しようということで企画された。本シリーズの企業者の諸活動から、二十一世紀の日本の企業者のあり方を展望する指針が得られれば、望外の喜びとするところである。

佐々木　聡

著者略歴
宇田川 勝（うだがわ・まさる）
法政大学経営学部教授。経済学博士。1944年千葉県に生まれる。1968年法政大学経営学部卒業。1975年同大学院社会科学研究科経済学専攻博士課程修了。法政大学経営学部研究助手、専任講師、助教授を経て、1984年より現職。著書に『新興財閥』（日本経済新聞社、1984年）、『日本の企業間競争』（共編著、有斐閣、2000年）、『失敗と再生の経営史』（共編著、有斐閣、2005年）、『日本経営史　新版』（共著、有斐閣、2007年）、『ケース・スタディー　日本の企業家群像』（共編著、文眞堂、2008年）ほか、多数がある。

監修者略歴
佐々木 聡（ささき・さとし）
明治大学経営学部教授。経営学博士。1957年青森県に生まれる。1981年学習院大学経済学部卒業。1988年明治大学大学院経営学研究科博士課程修了。静岡県立大学経営情報学部助教授などを経て、1999年より現職。著書に『科学的管理法の日本的展開』（有斐閣、1998年）、『日本の企業家群像』（共編著、丸善、2001年）、『日本的流通の経営史』（有斐閣、2007年）ほか、多数がある。

シリーズ 情熱の日本経営史⑨
日本《にほん》を牽引《けんいん》したコンツェルン

2010年7月7日　第1刷発行

著者
宇田川 勝

発行
㈱ 芙蓉書房出版
（代表 平澤公裕）
〒113-0033 東京都文京区本郷3-3-13
TEL 03-3813-4466　FAX 03-3813-4615
http://www.fuyoshobo.co.jp

印刷・製本／モリモト印刷

ISBN978-4-8295-0486-4